Inhalt

Herstellung und Verlag:
BoD-Books on Demand, Norderstedt
ISBN: 978-3-7528-6694-0

Vorbemerkung

Grundlegend wird sich am Menschen in den nächsten hundert Jahren nichts ändern, nur das Spielfeld variiert.

Vor circa 4,5 Milliarden Jahren ist die Erde entstanden. Die Leserinnen und Leser mögen mir verzeihen, ich war nicht dabei und habe diese Kenntnis nur aus den wissenschaftlichen Fakultäten. Vor ca. 200.000 Jahren hat sich ein Wesen gebildet, welches wir Mensch nennen. Auch dieser Entwicklung konnte ich nicht beiwohnen und deshalb berufe ich mich auf unterschiedliche wissenschaftliche Literatur. Wie sich die Zukunft des Menschen zeigen wird lässt sich nicht voraussagen. Wir alle sind keine Propheten, wir können nur Vermutungen anstellen. Wenn ich mir die Menschen auf dem Erdball betrachte, traue ich der Spezies einiges zu, ich nehme an, Sie verstehen was ich damit sagen möchte. Schluss ist auf diesem Erdball in ca. 4.5 Milliarden Jahren. Denn dann wird die Sonne immer mehr Energie verlieren. Dies wirkt sich aber sonderbarerweise so aus, dass aus der Sonne ein roter Riese wird. Dieser erreicht einen Durchmesser, der der Umlaufbahn der Erde entspricht. Die Folge ist, dass die Erde weit vorher schon verglüht und verschluckt wird. Dann wird irgendwann die Sonne, so wie man es vermutet, kleiner, sie wird zu einem weißen Zwerg. Sollte der Mensch es bis zeitlich weit vor diesem Szenario zu einem Zusammenhalt geschafft haben, hoffe ich auf die klugen Köpfe von Forschern und Ingenieuren, denen es gelingen könnte, neue Lebensräume zu finden.

Auf unserem Planeten leben Fauna und Flora. Obwohl ich den Mensch aufgrund vieler Überlappungen im erweiterten Sinne zur zur Fauna zähle, möchte ich diese Spezies im Filgengenden in meinen Betrachtungen separieren. Der Mensch besteht nach meiner Definition aus lebendem

Organismus. Dazu gehören unter anderm Sensorik, Tastsinn, Geschmacksempfindung, Sicht und Gehör, sowie Geist. Dieser findet sein Arbeitsfeld in der Gehirntätigkeit. Auf die Auswirkung dieses komplizierten Organs beziehen sich meine folgenden Ausführungen.

Der Mensch betreibt zwischen seinen beiden Ohren zwei Rechenwerke, die durch ein Regelwerk miteinander kommunizieren und gesteuert werden. Diese Rechenwerke sind der Verstand und die Emotionen. Die unterschiedlichen Ausprägungen von Verstand, Emotionen und Regelwerk sind höchst kompliziert. Der Verstand kann Emotionskapazitäten rauben und umgekehrt. Funktioniert das Regelwerk nicht richtig, so können der beste Verstand und die sensibelsten Emotionen ein Zusammenleben mit anderen Menschen deutlich erschweren. Alle verstandesmäßigen Erkenntnisse und emotionalen Impressionen werden in einem zentralen Speicher festgehalten. Auf diesen Speicher wird permanent und regelmäßig zugegriffen um Entscheidungen zu treffen, sich Meinungen zu bilden oder Gefahren abzuwenden. Die menschliche Psyche ist höchst kompliziert, sie lässt sich nicht mit 2 x 3 = 6 erklären. Vieles im Menschen ist angeboren, ein erheblicher Teil anerzogen. In welchem Verhältnis diese beiden prägenden Eigenschaften beziehungsweise Tugenden stehen, mag niemand mit Sicherheit feststellen können. Der Mensch lässt sich im Guten, wie auch im Schlechten durch Massen und soziale Triebe in seinem Urteil beeinflussen. Der talentierte Mensch mit Weitblick und Tiefgang wird mit dem Flachdenker nur mit größter Anstrengung und Toleranz einen gemeinsamen Nenner finden. Vielleicht schaffen die beiden Seiten eine Annäherung über die Schiene der Sympathie oder über den Humor.

Die Gehirnleistung des Menschen, welche sich in der Qualität höchst unterschiedlich ausgeprägt zeigt, ist nach meiner kurzgefassten Definition die Grundlage für Gewichten und Beurteilen. Und dies wiederum trägt zur Meinungsbildung bei. Warum gibt es hier einem qualitativen Unterschied? Wer über eine ausgeprägte geistige Sensorik und die Fähigkeit diese zu verarbeiten verfügt, darf sich in diesem Sinne als talentiert ansehen. Allerdings sind diese Talente nicht nur schwarz oder weiß, an oder aus, null oder eins und, ja oder nein ausgeprägt, sondern in allen Zwischenstufen vertreten. Aber auch der höher talentierte Mensch leidet in seinem Urteilsvermögen, wenn er leicht beeinflussbar ist, man sagt auch dazu, dass er wenig Rückgrat zeigt. Und diese Beeinflussung erfolgt von außen.

Generell reagiert jeder Mensch auf andere Menschen, auf Medien und auf Massen. Das starke Rückgrat, das solide Menschenkenntnis und Lebenserfahrung nachweisen kann, lässt sich weniger beeinflussen. Deswegen muss dieser Typ Mensch mit Rückgrat weder stur noch kompromisslos sein. Dies alles hat zunächst nichts mit allgemeiner Intelligenz zu tun. Wobei der Begriff Intelligenz auf die unterschiedlichsten Tugenden angewandt werden kann. Ein mathematisch Hochbegabter kann durchaus ohne soziale Bindungen gut klar kommen. Dieser Mensch wird als intelligent angesehen, wobei ihm diese Fähigkeit im Sozialen völlig fehlt. Aus diesem Grunde unterscheide und differenziere ich Intelligenz, der Gebrauch kann deshalb auch manchmal in die Irre führen.

Vieles ist dem Mensch angeboren und Vieles anerzogen. Das Verhältnis zueinander war vor vielen Jahren ein angeregtes Thema, als ich mit einem Freund sprach. Heute denke ich, so unterschiedlich wie die Menschen sich zeigen, so unterschiedlich ist dieses Verhältnis. Im Laufe des Lebens wird insbesondere der Emotionsbereich durch Enttäuschung und Glück beeinflusst, was dann wiederum einen Einfluss auf die Meinungsbildung haben kann. „Wer mich verletzt hat wird in der Regel nicht als mein Freund dargestellt."

Ein außerordentlich weitreichendes Thema ist die Wirkung der Massenpsychologie. Dies kann als eine gefährliche Waffe eingesetzt werden. Die Bewegung und Bildung einer Masse muss nicht immer von außen oder von einer Person beeinflusst werden, oft entsteht eine Massenbewegung aus sich heraus, völlig ungesteuert. Kulturen sind daran gescheitert, und wir leben in einer Kultur. Wie oben schon einmal erwähnt neigt der Mensch mehr oder weniger dazu von der Masse beeinflusst zu werden. Wenn es an Rückgrat oder innerer und überzeugender Stabilität fehlt, übernimmt der Mensch schnell die Meinung der Masse. Denn das eigene Abwägen und Gewichten kostet Gehirnkapazität über die die Menschen sehr unterschiedlich verfügen. Die Auswirkungen der Massenpsychologie zeigen sich in Religionen und ganz besonders in unserem Zeitgeist, heute durch die extrem hohe Informationsvielfalt. Solange eine Menschengruppe an einem Strang zieht und sich nicht spaltet, zeigt sich das Miteinander friedlich.

Aber wehe wenn Meinungen konträr kommuniziert werden und der Verstand zugunsten der Emotionen verlassen wird, vielleicht noch gepaart mit ideologischen Anschauungen, dann kann der Weg sehr schnell vom Scharmützel in Krieg umschlagen. Eine Spaltung kann auch zwischen einer Gruppe mit vorwiegend Verstandesverhalten und einer Gruppe mit überwiegend Emotionsverhalten entstehen. Den Verstandesträgern wird es schwer fallen, auch mit guten Argumenten, die Gegenpartei zu überzeugen. Die aufgeladene emotionale Masse hat eine enorme Kraft, sich durchzusetzen, auch unter Aufgabe der guten Sitten und der Moral. Im Übrigen ist Mode auch eine Erscheinungsform der

Massenpsychologie. Nicht immer wirkt dieses Massen-Phänomen zum Nachteil.

Alle, oder fast alle Impressionen werden unterschiedlich intensiv im Speicher des Gehirns gelagert und bei Bedarf abgerufen. Frische Eindrücke, Erlebnisse und gespeicherte Erinnerungen prägen die Meinungsbildung. Man darf hier durchaus von Erfahrungsbildung sprechen. Ohne das Abrufen von gespeicherter Vergangenheit wird der Mensch keinen Lerneffekt zu seinen Gunsten nutzen können.

Ich komme auf die ursprüngliche Erwähnung von Verstand und Emotionen zurück. Das Zusammenleben von verstandesgeprägten Menschen kann unkomplizierter als mit emotionsgeladenen Kontrahenten sein. Zwei mal drei ist nun einmal sechs. Dies ist unstrittig auf dem gesamten Erdball. Schwierig kann es dann werden wenn zwei Astrophysiker aus einem Unwissen heraus zu unterschiedlichen Meinungen über den Urknall kommen. Das Unsichere bei diesem Urknall ist, keiner war als Zeuge dabei. Dennoch behaupte ich, dass die Wissenschaftler in ihrer Welt weniger reizbar sind als beispielsweise linksgeprägten Kapitalfeinde oder Neider. Ohne Emotionen wäre aber unser Leben traurig und trostlos, wir könnten uns nicht freuen, nicht begeistern und nichts enthusiastisch bewegen. Emotionen geben aufgrund ihrer Vielfallt wesentlich mehr Stoff für Diskussionen, Debatten, Auseinandersetzungen und ein Zusammenfinden.

Ganz entscheidende Phänomene im Wesen des Menschen sind die sozialen Triebe. Sie sind der Grund für Einigung, Trennung, Liebe oder Hass. All dies entspringt dem Rechenwerk Emotionen.

Zu den positiven Eigenschaften zählen unter anderem: *Liebe, Nachsicht, Aufopferung, Verzicht, Hilfsbereitschaft,*

Kooperationsbereitschaft, Teamgeist, Verständnis, Großzügigkeit, Trauerfähigkeit, Realitätssinn

Als negativ werden etwa angesehen: *Gier, Machtstreben, Aggression, Verständnislosigkeit, Neid, Hass, Rücksichtslosigkeit, Rache, Missgunst, Geiz, Fanatismus*

Robinson Crusoe kannte vielleicht soziale Triebe, er brauchte sie aber nicht. Nun sind nicht alle negativen Eigenschaften immer nur schlecht. Gier und Machtstreben treiben einen Menschen voran, etwas zu erreichen, auch wenn andere Menschen mit diesem Verhalten nicht einverstanden sind. Auch ist zum Beispiel Aufopferung eine schöne Tugend anderen Menschen gegenüber, aber wo bleibt der Mensch selbst. Was will ich damit sagen: „Nicht alles Schlechte ist schlecht, nicht alles Gute ist gut, es kommt auf die jeweilige Situation an".

Knapp 70 Jahre liegen hinter mir. Meine grundlegende Weltanschauung hat sich in den vergangenen 50 Jahren wenig verändert. Zu meinem Beruf gehörte es Sachverhalten und Problemen auf den Grund zu gehen, denn nur so konnte ich neue organisatorische Zusammenhänge schaffen, die Vorteile boten. Die Führung und Motivation von Menschen stand hier ganz deutlich im Vordergrund. Denn wie will man neue Organisationsformen einführen ohne das Mitwirken der Menschen. Da meine berufliche Bindung langsam nachlässt, bleiben meine bisherigen Soft Skils wie etwa Weitblick und Tiefgang erhalten, kurz gesagt das Gehirn läuft weiter und will gefüttert werden. Aus diesem Grunde habe ich dieses Buch verfasst.

So bleibt mir nun mehr Zeit, mich mit dem vergangenen, dem derzeitigen und dem zukünftigen Zeitgeschehen auseinander zu setzen. Meine Mutter, eine lebenskluge

Person, äußerte mehrfach den Satz: „Der Mensch ist ein Rudeltier". Wer dies versteht, für den ist damit vieles gesagt. Zum Rudelverhalten gehört auch die Psychologie der Massen. Und wer sich auch damit beschäftigt, wird wissen, dass die Massen über keinen Verstand, aber über Emotionen verfügen. Das Individuum zeigt beides, Verstand und Emotionen. Wer auch dies versteht, wird um die sozialen Triebe des Menschen wissen, und die werden im Guten und im Schlechten ausgelebt.

Die Rudeltiere oder auch die Schwarmtiere haben etwas gemeinsam. Sie leben im sozialen Zusammenhalt und sie verteidigen Ihr Revier. Was die Löwenmutter erbeutet hat, ist ihr Verdienst, sie beschafft Nahrung für ihre Jungen. Ein fremder Löwe, der den Diebstahl der Beute im Sinne hat, wird es schwer haben der Löwenmutter das Futter zu entreißen. Er soll doch selbst auf Jagd gehen, denkt sich, menschlich gesehen, die Löwenmutter. Die Rudeltiere haben somit eine Art Gerechtigkeitssinn, gepaart mit der Gier des Überlebens. Dies sind einfache Sätze und Zusammenhänge, die ich hier schreibe, es sind aber Naturgesetze, die seit Bestehen der Fauna gelten.

Die Affenmutter und der Affenvater bringen ihren Jungen etwas bei, wie umgangssprachlich gesagt wird. Dahinter steckt eine gewisse Pädagogik. Das Junge soll lernen, sich später eigenständig ernähren zu können. Dafür muss das Junge etwas tun, die Eltern fordern es dazu auf, es gibt auch schon mal einen Klapps. Nimmt man einen Affen aus einer Gefangenschaft, in der er nie gelernt hat sich selbst zu ernähren, was denken Sie wie hoch die Überlebenschancen sind, bringt man ihn allein gelassen in den Urwald? Nun übertrage man diese sehr einfachen und sicher leicht verständlichen Zusammenhänge auf den Menschen heute. Dann wird das eine oder das andere nicht mehr so leicht zu verstehen sein, obwohl die Basis absolut gleich ist. Der Mensch hat etwas mehr an Ratio und Emotionen zur Verfügung als das Tier, dies macht das Verstehen auch manchmal komplizierter. Dies habe ich sehr moderat formuliert, das Komplizierte kann aber auch Krieg bedeuten. Nun möchte ich mich dem heutigen Zeitgeschehen zuwenden.

Ich übertrage hier meine Feststellungen auf das heutige Zeitgeschehen in Politik und Gesellschaft, national und international.

Es wird derzeit viel diskutiert und einlullend geredet aber nicht gehandelt. Zum Handeln braucht es aber Mut. Als am 22. November 2005 Frau Dr. Angela Merkel zur Bundeskanzlerin auf das Grundgesetz vereidigt wurde, war ich von der ruhigen und besonnenen Art der neuen Kanzlerin positiv angetan. Fast 13 Jahre später vertrete ich eine deutlich gegenteilige Meinung. Um es voraus zu schicken, ich bin weder rechts, noch links, auch kein Populist oder Fremdenhasser. Ich bin von Berufs wegen System-Analytiker im IT-Bereich und sehe mich durch diese Tätigkeit - Problemen und Zusammenhängen auf den Grund zu gehen – schlichtweg als Realist, ohne zu irgendwelchen ideologischen Abdriftungen zu neigen. Um die Gründe für die kritische Haltung gegenüber Frau Merkel zu erläutern, bedarf es der Schilderung meiner grundlegenden Denkweise. Leider greift das uncouragierte Vertreten von Frau Merkels Kanzlerinnen-Sein immer weiter um sich, und das in einer nicht zu verstehenden Geschwindigkeit.

Bleiben wir bei Deutschland, das uns am nächsten stehende Land. Die deutsche Bevölkerung ist weit weg von existenziellen Sorgen, vergleicht man dies mit der Zeit nach dem Zweiten Weltkrieg. Damals förderte ein Zusammenhalt den Aufbau, bis zu dem Punkt, an dem wir heute gesellschaftlich und wirtschaftlich stehen. Verständlicherweise will heute niemand mehr von seinem monetären Stand einen Rückschritt erleiden. Der Bauch ist voll, man will nichts riskieren, um gegebenenfalls abzustürzen. Ein voller Bauch studiert nicht gerne und erst recht kämpft er nicht gerne. Wir haben ein hohes Niveau an sozialen Umgangsformen erlernt und zeigen uns sonst auch moralisch recht ordentlich. Aber diese guten Eigenschaften sind hauchdünn. Hauchdünn ist auch unsere so viel gepriesene Demokratie. Können Sie sich vorstellen wie sich die Bevölkerung zeigen wird, wenn der Staat einbricht, wenn die sozialen Strukturen zerfallen, wenn andere Mentalitäten dominieren, wenn das Lebensniveau deutlich sinkt?

Das gibt es nicht. Nein? Oh ja, dies gibt es. Was denken Sie, warum Kulturen zerbrochen sind, und dies nicht immer an Naturkatastrophen. Von – sagen wir - Frau A und Herrn B, die früher sehr sozial eingebunden, höflich und umgänglich gesprochen haben, hören sie plötzlich nach dem Verfall des Staates Töne, die früher in der unteren Kaste zu hören waren. Das dünne Eis der Demokratie, der Moral und des Sozialgefüges bricht. Ich sage nicht, dass dies so eintritt, aber mit etwas Menschenkenntnis, Tiefgang, Weitblick und Beurteilungsvermögen gibt all dies Anlass die Phantasie zu bemühen. Angstmacherei? Wer über die beschrieben Tugenden und realistischer Phantasie verfügt, hält dieses Szenario für möglich und wird dazu künftig angepasste Entscheidungen treffen.

Hätte ich keine Kinder oder Kindeskinder könnten mir künftige Ereignisse gleichgültig sein. Dem ist aber nicht so. Unabhängig davon ist mir an dem friedlichen und zufriedenen Fortbestand der Gattung Mensch viel gelegen.

Wo sehe ich aus heutiger Sicht die wirklichen Probleme der nächsten 100 Jahre? Kurz auf den Punkt gebracht sind dies:

1. Islam
2. Informationstechnologie
3. Verweichlichung und Verrohung
4. Unkontrollierte Invasion

Islam

Lesen Sie mehrfach im neuen Testament an den unterschiedlichsten Stellen. Lesen Sie ebenso mehrfach in einer Ihnen vorliegenden Übersetzungen des Korans. Gerne lesen Sie auch in anderen religiös geprägten Schriften. Sie werden feststellen, soweit Sie nicht ideologisch in einer Richtung geprägt und zu konstruktiven und kritischen Erkenntnissen fähig sind, dass der Geist des Korans sich von allen anderen Schriften in der Realität und dem Ausleben wesentlich unterscheidet. Wenn Sie sich damit nicht beschäftigen, sollten Sie sich mit Urteilen über dieses Thema zurück halten.

Gemeinsam haben alle Schriften eine massenpsychologische Wirkung. Ich sprach weiter oben davon. Betet man einem Menschen dreimal etwas vor, so wird er das Gehörte oder Gelesene als seine Meinung, Einstellung und emotionale Richtung annehmen.

Der Koran trennt Muslime von „Ungläubigen" und diese sind im Geiste des Koran die Christen, die Hindus, die Buddhisten, die Atheisten, und andere, kurzum alle Nicht-Muslime. Im Koran wird jeder Ungläubige als Mensch einer unteren Klasse angesehen der nicht nur schlechter behandelt werden, sondern auch stärker bestraft werden darf. Diese Behandlung der Ungläubigen darf schärfer erfolgen als die Bestrafung der Muslime. Die Frau steht im Koran gesellschaftlich und von der Würdigung unter dem Mann, und sie hat zu dienen, in jeder Form.

Geht man davon aus, was real auch der Fall ist, dass der gläubige Muslime nach diesen geforderten Vorgaben lebt, so ist für jeden vernünftig denkenden Menschen Konfliktpotential zu erkennen. Dieser Geist des Korans ist nicht nur Potential, sondern realer und gelebter Konflikt. Dieser Konflikt reicht vom Hass gegen Ungläubige bis zum fanatischen Töten. Wir hören es zu oft in den Medien. All diese Feststellungen bedeuten nicht, dass jeder Muslime hasst oder tötet, es sind aber auffallend viele.

All die negativen Ausprägungen des Korans sind in dieser Form derzeit in anderen Religionen schwerlich zu finden, beziehungsweise nicht in dieser Deutlichkeit. Die sich im Koran wiederholenden Zeilen „Allah ist barmherzig" gibt Legitimation für zum Teil grausames Verhalten. Ich warne dringlich davor diese zum Teil pseudoreligiösen Strömungen zu unterschätzen. Es sind nicht alle Menschen gleich. Wer dies glaubt ist ein Risiko in kritischen politischen, sozialen oder gesellschaftlichen Konflikten. Der Islam ist vor diesem Hintergrund keine friedliche Bewegung. Wie Sie sehen spreche ich nicht von Religion, dies ist es auch nicht in unserem Sinne, der Islam greift in jeden Bereich des Lebens ein. Die ideologisch-fanatischen Emotionen des Islam sind stärker als der westliche Verstand. Ich wiederhole mich: die Masse hat nur Emotionen und keinen Verstand, das Individuum hat beides und ist im Stande abzuwägen.

Dies ist von mir noch sehr freundlich formuliert – zumal mir aus heutiger Zeit Berichte, Bilder und Videos, insbesondere aus muslimischen Teilen Afrikas vorliegen, die mit unserer Moral und Lebensweise nichts, aber auch gar nichts zu tun haben. Warum wird die Wahrheit verschwiegen? Die Negativaussage des Korans deckt sich mit dem Auftreten all der terroristischen Kräfte. Der Durchschnittsmuslime auf der Straße praktiziert auffallend das Wesen des Korans. Die derzeit höher entwickelte Kultur des Westens ist dem Streben des Islam fast ungeschützt ausgesetzt. Darum haben drei Türken mit ihren Aussagen Recht. Ein von mir in Frankfurt am Main, an der Hauptwache aufgenommener Satz eines jungen Türken zu einem Deutschen: „Ihr Weicheier, Euch machen wir noch platt". Ähnliche Aussagen konnte ich zweimal in unterschiedlichen Fernsehberichten vernehmen. Das Zitat ist auf keinen Fall repräsentativ, zeigt aber den gewollten und realen Geist vieler islamischer Anhänger.

„Der Islam, diese absurde Gotteslehre eines unmoralischen Beduinen, ist ein verwesender Kadaver, der unser Leben vergiftet!" (Mustafa Kemal Atatürk, 1881 bis 1938, Gründer und erster Präsident der Republik Türkei). „Der Islam gehört zu Deutschland!" (Angela Merkel, deutsche Bundeskanzlerin).

Weltweit wird in den unterschiedlichsten Informationsmedien das Ausleben des Islam immer wieder mit folgenden Eigenarten in Verbindung gebracht: Pädophile, Vergewaltigung, Enthauptung, lebendig verbrannt, Beschneidung, Unterdrückung, Erpressung, Sklaverei, Entführung, Ehrenmord.

Informationstechnologie

Vor langer Zeit begann der Mensch zu seinem Vorteil und
Schutz Nachrichten über größere Distanzen zu übermitteln.
Anfangs bediente er sich der Techniken von Rauch- und
Trommelsignalen, ähnlich der Morsezeichen. Später haben
Menschen direkt - mit oder ohne Pferd - Nachrichten
übermittelt, per Sprache oder Papier.

Nachrichten und Signale sind Informationen die durch die
genannten Techniken verbreitet wurden. Bis heute hat sich
die Informationstechnik rasant entwickelt. Während früher
nur das Wesentliche kund getan werden konnte, wird heute
alles, aber wirklich alles, verbreitet. Wichtiges und
Unwichtiges, Wahres und Gelogenes, Erfundenes und Reales,
Verdrehtes und Gerades. Diese für uns heute abrufbare
Vielfalt trägt auch zur Verunsicherung der Meinungsbildung
bei. Wer weiß denn, ob die gefundene Information heute
korrekt ist? Mit Verlaub, dies lässt sich oft schwerlich
feststellen. Meinungsbildung ist in einer Demokratie nötig,
um Regierungen zu wählen. Die Möglichkeiten der
Beeinflussungen sind enorm und schleichen sich unbemerkt
in die menschliche Bewertung ein. Glauben Sie nicht alles was
Sie hören, lesen oder sehen, auch die Medien unterliegen
einer Fehleinschätzung. An der falschen Schraube kann
bewusst oder ungewollt leicht gedreht werden. Die
Auswirkungen können sich fatal bis katastrophal auswirken.
Unsere Zeitgeschehen darf nur kritisch wahrgenommen
werden. Leider ist dies nicht jedem gegeben.

Können Sie beurteilen, ob ein Bericht im Fernsehen über
eine Bürgerkriegssituation im Kongo richtig oder falsch ist?
Sie können es nicht, es kann noch nicht einmal der Reporter,
denn er ist froh, wenn er dort Gesprächspartner findet. Dies
ist auch Informations-Technik, nicht nur Computer. Das

Internet bietet eine unkontrollierte Plattform, auf der Wahres und Unwahres blitzartig verbreitet wird, mit Folgen die unabsehbar sind. Eine geschickt formulierte Nachricht kann sehr viele Follower nach sich ziehen, die dann zu dieser Aussage enthusiastisch Stellung beziehen. Ob diese Nachricht richtig oder falsch ist, interessiert nur sekundär. Hier bedarf es in Zukunft der Personalisierung von Nachrichtenquellen. Denn wenn der Autor allen im Internet bekannt ist, dann wird er sehr vorsichtig mit seinen Veröffentlichungen sein.

Wenn man dem durchschnittlich begabten Menschen dreimal etwas vorbetet (wie schon erwähnt), also Informationen liefert, durch Rundfunk, durch Fernsehen, in der Presse oder durch Freunde, dann wird er diese Meinung bald annehmen. Die Massenpsychologie mit Hilfe der Kommunikationsmethoden leistet ihren Teil dazu. Die Wirkung der Massenpsychologie kann ein verheerendes Mittel zur Beeinflussung sein.

Verweichlichung und Verrohung

Seit Ende des Zweiten Weltkrieges hat sich das Selbstbewusstsein der Deutschen auffällig verändert – zum Nachteil. Der Deutsche sieht sich mehr oder weniger bewusst als Schlechtmensch an, er lässt sich auch ohne Widerspruch so titulieren. Was ist geschehen? Der Deutsche sieht sich als Nachfahre und Erbe von Kriegsverbrechern an und dies zu jeder nationalen und international passenden und unpassenden Gelegenheit. Jeder weiß wie schlecht, grausam und unmenschlich das Dritte Reich sich auf vielen Gebieten gezeigt hat und jeder klar denkende und empfindende Mensch verurteilt dies.

Im Jahr 2018 fand in Moskau die Fußballweltmeisterschaft statt. Frankreich wurde Weltmeister. In allen Medien war immer wieder zu vernehmen: „Vive la France". Haben Sie schon einmal „Es lebe Deutschland gehört"? nein.

Wenn Sie sich als Deutscher weiter freiwillig an den Pranger stellen wollen, dann beschäftigen Sie sich erst einmal mit der Geschichte der Kriege und Völkermorde. Warum bezichtigen sich nicht Spanier, Portugiesen oder Engländer des Völkermordes und des Landraubes in Nordamerika? Dies ist nur ein Beispiel von vielen.

Das Selbstbewusstsein der Deutschen reichte bis zur Fußball-Weltmeisterschaft 2006 so weit, dass sie so gut wie nie eine deutsche Flagge gehisst haben. Ja, es war teilweise sogar verpönt – gepaart mit nationalistischen Vorwürfen. Frau Merkel selbst hat in der Mitte ihrer Regierungszeit, in allen Medien zu sehen und zu lesen, öffentlich vom Wegwerfen der Flagge Gebrauch gemacht. Keiner hat aufgemuckt oder sich großartig daran gestört – interessant und aussagekräftig. In jedem anderen Land zeigt sich Nationalstolz, nur in Deutschland nicht. Ein natürliches Rudelverhalten stirbt.

Was, bitteschön, ist gegen Nationalstolz vorzubringen? Nichts, aber auch wirklich nichts, es ist ein natürliches Rudelverhalten. Grausamkeiten wie im Dritten Reich sind auch in anderen Staatsformen vollzogen worden. Wie können manche Vertreter der Gattung Flachdenker sich so weit vom gesunden Menschenverstand entfernt haben.

Ich war über einen Zeitraum von sechs Jahren etwa achtmal pro Jahr auf meinem Schiff in Kroatien. Die Kroaten haben Respekt vor den Deutschen, sagen aber auch auffallend oft, dass die Deutschen spinnen mit ihrer synthetischen Eigen-Schlechtmacherei.

Dies alles geht in Deutschland so, dass eine ideologisch befreite, logische und kritische Meinung verunglimpft wird sobald es sich um sogenannte Flüchtlinge, Politik oder Soziales handelt. Wenn ich aus sachlichen und für den verstandeslastigen Menschen nachvollziehbaren Gründen die untätige Asylpolitik ablehne, werde ich von vielen Menschen Rassist, Ausländerhasser, Rechter oder Populist angesehen. So geht das nicht. Wir leben in einer „diktatorisch geführten Demokratie", von einer Person gestaltet. Aber diese Staatsgestaltung ist so führungslos, dass sich unser Staat hochgradig als Selbstläufer entpuppt. Dies ist mehr als gefährlich. Ich schreibe dies als System-Analytiker, der Zusammenhänge auf den Grund geht und bei hoher Komplexibilität den Sachverhalt in Einzelsegmente unterteilt um diese separat zu untersuchen. In den meisten Fällen zeigen sich dann beim Zusammenführen der Segmente die Lösungsansätze. In unserer Politik gibt es nicht mal den Ansatz dieser Denkweise, sie ist aber erforderlich. Ausreden – das ist aber Politik – lasse ich nicht gelten.

Denken Sie nur daran, dass in den Jahren um 2015 alle, aber auch alle nach Deutschland einreisen konnten und durften. Die Regierung zeigte sich führungslos, und sie agierte unentschlossen und uncouragiert. Einige Jahre zuvor hat man einen Einreisenden ohne Papiere festgenommen – einen. Visa gab es bei den Invasoren schon gar nicht. Dieses Land – Deutschland – ist nicht imstande Stellung zu beziehen, seine Gesetze anzuwenden, es ist verweichlicht. Wie sieht die Verweichlichung im Privaten aus?

Vor 60 Jahren war das deutsche Volk mit dem Aufbau beschäftigt, man hat an einem Strang gezogen. Kinder wurden zu Recht gemaßregelt, es gab auch schon mal einen Klapps. Jeder junge Mann musste zur Bundeswehr. Dort waren keine Höflichkeitsfloskeln im Trend, es gab klare und unmissverständliche Befehle. Ich habe all dies kennen gelernt. Das war manchmal auch hart, doch ich kann bei mir kein nachhaltiges Leid erkennen. Ich habe schlicht gelernt mich bei Angriffen zu verteidigen und habe davon auch keinen Schaden genommen.

Heute schüttele ich manchmal den Kopf wie Eltern, oder besser wie Kinder mit ihren Eltern umgehen. Eltern lassen sich oft von Kindern den Weg weisen. Diese Art Eltern haben in ihrem Leben wenig gelernt. Ich frage wie sich diese bis ins Antiautoritäre reichende Erziehung im späteren Leben der Kinder auswirkt. Wie können diese Kinder Probleme meistern, wie Konkurrenten abwehren? Nur als Hinweis, ich habe meine Kinder nie geprügelt.

Auffallend viele Muslime versuchen sich mit deutlichem Machogehabe in Szene zu setzen, obwohl keine Gründe für Respekt in Form von Bildung oder Können vorliegen. Der Begriff „Weichei" trifft zu, so die Äußerungen der jungen Türken, wie hier beschrieben. Wir Deutsche können entwickeln, kreieren, aufbauen, wir können verhandeln, uns global bewegen, die schönen Dinge des Lebens genießen, aber wir ziehen sofort den Schwanz ein, wenn man uns „Weichei" zuruft. Wir wagen nicht die kleinste Kritik am Islam, wir entschuldigen Fehlverhalten von Muslimen, wir lassen religiöse Hintergründe verständnisvoll in Gerichtsurteile einfließen Die Menge, noch mehr die ideologische Menge, bis hin zum Fanatismus hat eine massenpsychologische Kraft, der der Verstand nichts entgegensetzen kann. „Gegen Dummheit ist kein Kraut gewachsen" ist ein durchaus passender Spruch. Toleranz ist wichtig im täglichen Zusammenleben, nimmt sie aber die Überhand, so legt sich oft der Tolerante ohne Gegenwehr auf den Rücken.

Die EU ist eine Institution, die aus meiner Sicht des System-Analytikers, mit der heißen Nadel gestrickt wurde. Man hat letztendlich versucht 28 ausgehärtete EU-Betonklötze zusammen zu bringen, dies ist sehr schwer, es dauert und ist mit großen Problemen der Abstimmung verbunden. In Nordamerika hat man vor wenigen Jahrhunderten versucht mehrere unausgehärtete Betonklötze, die Staaten, zusammen zu bringen, dies gelang. Mir ist völlig unverständlich, dass Deutschland in den vergangenen zehn Jahren zum Zahlmeister, teilweise auch unter Vorspielen falscher Tatsachen, wurde. Deutschland ist ein Selbstläufer ohne klare Führung. Ein starkes und konsequentes Freiheitleben mit klaren und erkennbaren Sanktionen verschwindet immer mehr. In der gesamten Existenz von Mensch und Tier werden Reviere begrenzt und verteidigt. Dies hat sich über Jahrtausend bewährt. Grenzen sind kein Krieg oder Intoleranz, Grenzen bedeuten Schutz. Wer sich nicht schützen kann, ist schlichtweg dumm.

Griechenland hat sich in die EU gelogen, und: Schäuble wollte Geld für Griechenland. Es wurde ihm vom Bundestag zugestanden, weil er das Zahlungsversprechen des IWF in den Vordergrund stellte. Schäuble argumentierte vor dem Bundestag für deutsche Zahlungen an Griechenland: „Auch der Internationale Währungsfonds (IWF), der Hilfspakete nur unter strengen Auflagen vergeben darf, wird sich beteiligen und somit garantieren, dass das Geld eines Tages auch aus Athen zurückkommt. Ohne IWF wäre es kein vernünftiges Ergebnis", versprach Schäuble im Mai 2016 "Ich erwarte, dass der IWF an Bord bleibt. Es ist dabei nicht so relevant, mit welcher Summe er sich beteiligt; entscheidend ist, dass er es tut." Die Geschäftsgrundlage für die Griechenland-Rettung, die Schäuble den Abgeordneten vor drei Jahren versprochen hatte, hat sich nie materialisiert. Der Bundestag hat dem dritten Hilfspaket nur in der Erwartung zugestimmt, dass sich der IWF beteiligt. All dies lässt man gewähren, sanktionslos.

„Wenn sich die Welt selbst zerstört, dann fängt es so an: Die Menschen werden zuerst treulos gegen die Heimat, treulos gegen die Vorfahren, treulos gegen das Vaterland. Sie werden dann treulos gegen die guten Sitten, gegen den Nächsten, gegen Frauen und gegen Kinder. "(Ernst Moritz Arndt, 1769 bis 1860).

Die Gesellschaft ist inzwischen in ihrem Urteil so gleichgültig geworden, dass die Wahrheit als Belästigung empfunden wird. Es ist heute keine Seltenheit mehr, wenn Polizisten, die Feuerwehr, Hilfskräfte und Notärzte nicht nur von Invasoren angegriffen werden.

Ich stelle eine einfache Frage: Mit welcher Begründung und mit welchem Erfolgswunsch werden doppelte Staatsbürgerschaften vergeben?

Gutmenschen sind Flachdenker ohne erkennbaren Tiefgang und Weitblick, wie bereits erwähnt. Sie denken und empfinden nur in kurzen Zeiträumen, sie sind nicht in der Lage die Auswirkungen ihrer Denkweise für die nächsten zehn oder 20 Jahre zu erahnen. Gutmensch sein ist geistige Selbstbefriedigung, ein sehr gefährlicher Typ Mensch, denn bei denen ist eben alles gut. Toleranz ist eine notwendige soziale Eigenschaft im Umgang mit dem Menschen, sie grenzt aber an Dummheit.

In Deutschland ist es mittlerweile schwer eine realistische und vernunftgeprägte Meinung zu äußern, die sich gegen Massenmeinungen stellt. Ich wiederhole mich hier wieder: Die Masse hat nur Emotionen und keine Vernunft, das

Individuum hat beides. Bringt ein Politiker oder Bürger einen Einwand gegen die Flüchtlingspolitik von Frau Merkel vor, so wird dies im sanften Fall als Affront abgetan. Hier wird folgendes gelebt: Demokratie ja, Meinung nein.

Seit meiner Jugend habe ich, den Grund weiß ich nicht, versucht viele Dinge aus der Vogelperspektive zu sehen. Dies ist natürlich nur dann möglich, wenn man nicht selbst in einer Thematik involviert ist. Ich kann nur allen raten sich mit dieser Blickweise zu beschäftigen.

Unkontrollierte Invasion

Wer die Kontrolle aus der Hand gibt, gleichgültig auf welchem Gebiet oder in welcher Technik, wird ertrinken, ersticken, beraubt oder einfach nur überrollt. Auch wenn die Auswirkung der Nicht-Kontrolle sich schleichend und leise Raum sucht, so steht sie mit all ihren Problemen bald mit Gewalt vor der Tür. Dann, lieber Leser, kann es zu spät sein. Der Flachdenker kann sich nicht darauf präparieren, der Mensch mit Weitblick schon. Kontrollverlust ist das eine und Kontrollverzicht das Andere, gewollt. Versuchen Sie einmal bei offener Haustür – heute – zu schlafen. Schreien Sie dann noch in die Welt hinaus, dass die Haustür offen ist und geben Ihre Adresse bekannt. Dann reden wir weiter. Abschottung ist hier nicht gemeint. Wenn jemand kritisch die Invasion sieht, will er nicht unbedingt abschotten, er will beschützen durch Kontrolle.

Warum haben Deutschland und die EU Grenzkontrollen abgelegt, ad acta? Das Grundgesetz, bei allen so gepriesen, wurde nach dem Zweiten Weltkrieg geschaffen, mit gutem Willen. Die Regelung des Asyls und der Religionen halte ich heute für äußerst riskant. In beiden Bereichen überlässt es

Deutschland anderen Menschen über deutsche Gelder und Strukturen zu verfügen – out off control. Hier gilt auch: Was Hänschen nicht lernt, lernt Hans nimmermehr. Was Klein-Mohamed nicht lernt, lernt er in einer anderen und anspruchsvolleren Kultur erst recht nicht. Ausnahmen bestätigen den dichtesten Wert.

Ich weise auf einen weiteren gravierenden Fehler unserer führungslosen Politik hin. Wer nach Deutschland kommt kann etwas tun, und sollte etwas tun. Die Invasoren bekommen aber Unterkunft, Verpflegung und Geld, auch ohne etwas zu tun. Es ist pädagogisch völlig ungesund dafür keine Gegenleistung einzufordern. Geschenke in Bausch und Bogen sind sozial ungesund, ich persönlich schenke gezielt und mit Augenmaß. Man gewöhnt sich schnell an Geschenke. Ein sogenannter Flüchtling bekommt ein sicheres Einkommen, viele deutsche Rentner auch, aber oft wesentlich weniger. Unser Staat zeigt sich als Weichei, wie es mir Türken zu verstehen gegeben haben. Diese Aussage ist auch zutreffend. Wie hat sich der gute demokratische Gedanke zu einer diktatorisch realitätsabgewandten Demokratie entwickeln können? Es wird geredet, aber nicht der Realität entsprechend gehandelt, es gibt: Reden ist Silber, handeln ist Gold.

Die Altdeutschen (ist für viele schon nazibehaftet) und die Invasoren wirken aufeinander, aber wie. Beispiel: In einem landwirtschaftlichen Betrieb werden Milchkühe gehalten, und dies alles nach den höchsten Reinlichkeitsgeboten. Was denken Sie, wenn die Reinlichkeit der Milch nicht mehr kontrolliert wird? Aus Milch entsteht: Käse, Joghurt oder etwa Babynahrung. Muss ich es näher erklären, oder verstehen Sie das? Die Reinlichkeit ist unsere erworbene Stärke. Verfügen auch die Neuankömmlinge darüber? Nein.

Wer zahlt für die Invasoren für Klagen, Handy, Unterkunft, Lebensmittel, Arztbesuche oder Transit? In einem Krankenhaus, im Rhein-Main-Gebiet wurde meine Frau vor einiger Zeit stationär aufgenommen. Natürlich habe ich sie täglich besucht, mit täglich den gleichen Impressionen. Mir sind dort gefühlt mindestens 70 Prozent nicht deutsch sprechende Patienten mit Anhang begegnet. Ist der Anteil derer so groß in Deutschland? Nein.

Stellen Sie sich folgendes Szenario vor. In Afrika ist vor einigen Jahren die Krankheit Ebola ausgebrochen. Nun reisen rund 500 mit Ebola infizierte unkontrolliert nach Europa ein, davon 200 nach Deutschland. Die infizierten Afrikaner haben Kontakt zu Polizei, Beamten und deutschen Bürgern. Plötzlich infizieren sich auch diese Personen, eine Epidemie bricht aus. Sie glauben, dass dies nicht eintreten kann. Oh doch, es kann.

Ein weiteres Szenario: Ein Terrorist, und wir wissen, dass die hier sind, bewirbt sich bei der Wasserversorgung im Rhein-Main-Gebiet. Er wird eingestellt und man vertraut ihm nach einiger Zeit. Nach zwei Jahren hat er Zugang zu den großen Trinkwasserspeichern. Er vergiftet das Trinkwasser für weit über eine Millionen Bürger. Das gibt es nicht, denken Sie. Auch das gibt es.

Nun stellen Sie sich vor, Sie sind in Afrika (egal wo) aufgewachsen und haben über die weltweiten Medien erfahren, wie es sich in anderen Regionen der Erde leben lässt. Sie sind aber unter ganz anderen Bedingungen aufgewachsen. Sie haben Krieg und Kämpfe kennen gelernt. Sie haben von Kindesbeinen an gelernt, Waffen zum Schutz zu benutzen. Die Schule kennen Sie nicht. Sie haben Ihr Leben auf Verteidigung und nicht auf Achtung von Mensch und Tier eingenordet, ohne, dass Sie selbst je eine Wahl hatten. Wenn ein Problem vor Ihnen steht, so lösen Sie es nicht mit einem

Gespräch, sondern mit Gewalt. Sie bestrafen ihren Kontrahenten.

Was Sie in den Medien sehen und hören, wollen Sie auch als Afrikaner: Sie möchten in einer besseren Welt leben. Sie sehen aber nur das Materielle und die Freiheiten, nicht aber die Pflichten. Freiheiten in die die gelobten Länder über Jahrzehnte oder Jahrhunderte hineinwachsen mussten. Und dies hat viel Schweiß gekostet, von der Moral ganz zu schweigen. Das alles kennen Sie nicht. Der Mensch verträgt im Übrigen nur eine gewisse Range an Freiheit.

Nun versuchen Sie nach Europa zu kommen, dort wo vermeintlich Milch und Honig fließen. Sie leben aber in Europa das Leben, das Sie von Ihrer Herkunft gewöhnt sind. Sie erwarten und fordern. Kann man es Ihnen verdenken? Man muss es denen ankreiden, die dies zugelassen haben – und das sind wir Europäer. Eine Verrohung möchte hier aber niemand.

Der Begriff Invasion ist so definiert: „Das Einfallen von Menschenmassen in ein bestimmtes Gebiet". Dies trifft so auf die Masseneinwanderung der vergangenen Jahre zu. Erst dann sind die Massen in wahre Flüchtlinge und in Wirtschaftseinwanderer zu unterscheiden. Niemand, ich wiederhole niemand kennt die Anteile beider Gruppen. Eins ist aber gewiss, es wird gelogen und betrogen und das aufnehmende Land lässt sich belügen und betrügen. Das ist schlichtweg dumme und feige Politik. Zumal diesen Menschen Einladungen nach Europa, insbesondere Deutschland, wenn auch nicht persönlich, vorliegen.

Die gesamte Betrachtung hat sicherlich einen menschlichen Hintergrund, sollte aber sachlich und mathematisch begründet sein. Warum ist ein Staat wie

Deutschland nicht ehrlich zu sich selbst? Es werden Daten und Vorkommnisse verdreht, abgeschwächt, aufgebauscht und verfälscht. Glauben Sie allen Ernstes, dass der erhebliche Anteil von kritisch bis kriminell geprägten Einwanderern zu integrieren ist? In den ersten fünf bis zehn Jahren wird der junge Mensch in seinem Leben grundlegend geprägt, später gewinnen nur noch kleine Korrekturen Einfluss. Die Frage stellt sich: Wer ist wo aufgewachsen? Was sind das für Sprüche? „Die Neubürger sind mehr wert als Gold". Warum und mit welchem Hintergrund wird so etwas geäußert?

Ein Staat schwächt sich wenn er uneingeschränktes Asylrecht gewährt und es dem „Flüchtling" alleine überlässt, ob er nach Europa kommt – also „out of control". In Afrika leben heute ungefähr 1,1 Milliarden Menschen. Man schätzt, dass sich diese Bevölkerung bis 2100 vervierfacht haben wird, also 4,4 Milliarden. Weder werden Bildung, noch Ernährung, noch Gesundheitswesen, noch Kultur mitwachsen. Afrika wird immer mehr an Hunger leiden, Afrika strebt in alle Richtungen, verständlich. Wenn es Afrika nicht versteht sich zu helfen, dann muss die westliche Welt Einfluss auf die Bevölkerungsexplosion nehmen. Darüber darf es keine Diskussion geben, auch nicht bei den „Gutmenschen", Realität ist angesagt. Wer dies nicht erkennt, wegen Mangel an Urteilungsvermögens oder wer es ausblendet, trägt zu einer menschlichen Katastrophe bei. So nebenbei sei erwähnt: „Alter schützt vor Torheit nicht."

Europa ist ein guter Wein. Nun schenken Sie in diesen Wein Wasser in unterschiedlicher Qualität aus anderen Teilen der Welt, und dies immer mehr. Bisher haben die Männlein vom Mars unseren Wein gerne getrunken und immer wieder nachbestellt. Jetzt beziehen diese Männlein ihren Wein von der Wega, denn unser Wein ist verdorben und nichts mehr wert. So hat Deutschland seine Bevölkerung durch den

unkontrollierten Zuzug gestaltet, schauen Sie sich die Schulen
an.

Die Aussage „Wir schaffen das" hat dazu beigetragen, eine
emotional gesteuerte Willkommenskultur zu schaffen. Wer ist
denn dieser Einladung gefolgt? Es waren auch Flüchtlinge,
aber auch Kriminelle, Hassprediger und Terroristen. Nicht
alle, die sich als Pharmazeut oder Arzt ausgegeben haben,
konnten den grundlegendsten Prüfungen standhalten. Denn
sie verfügten nicht über diese Ausbildung. Es kamen
Integrationswillige, aber auch Migranten, die nur in die
deutschen Sozialsysteme einwandern wollten.

Was schätzen Sie, wie viel Prozent der in den deutschen
Justizvollzugsanstalten Einsitzenden Migrationshintergrund
haben? Während der Recherche zu meinem Buch konnte ich
den Prozentsatz ermitteln. Ich musste mich aber an anderen
Stellen vergewissern, ob dem wirklich so ist, denn er ist hoch,
sehr hoch. 70 Prozent der Einsitzenden haben
Migrationshintergrund und davon sind über 50 Prozent
türkischer Herkunft. Sie glauben es nicht, so wie ich vor zwei
Jahren? Dann holen Sie sich aus unterschiedlichen Quellen,
auch aus Gesprächen mit der Polizei, die Informationen. Mit
Statistiken wird es etwas schwieriger, man kann den Eindruck
gewinnen, die Tatsachen soll niemand erfahren. Hochzeit der
„Willkommenskultur" zu nennen ist wirklichkeitsfremd, ja
irreführend. Es kamen eben nicht nur schutzbedürftige
Flüchtlinge. Unter all den Menschen war ein erheblicher Teil
an Analphabeten.

Warum sollen illegal eingereiste Flüchtlinge ihre Familien
legal nach Deutschland holen dürfen? Das versteht doch kein
vernunftbegabter Mensch. Das Leistungs-Niveau in unseren
Schulen, Bildungseinrichtungen und Uni's wird sinken, das

Abitur wird leichter. Das Ergebnis wird die Reduktion einer hervorragenden leistungsfähigen Wirtschaft sein.

Hier ein Bericht eines Schöffen an einem deutschen Gericht: „Ich war acht Jahre Jugendschöffe, vier am Landgericht xxx und dann vier am Amtsgericht xxx (Anm. des Autors: Orte unkenntlich gemacht). Ich kann einem ›richtigen‹ Deutschen nur empfehlen, nicht mit Nachbars Quad zu fahren, dafür gibt es die gleiche Strafe wie für 70 (in Worten: siebzig) professionelle Einbrüche eines ›neuen guten‹ Deutschen. Ich habe da Bolzen erlebt, die sind einfach unbeschreiblich. Da kann man ein Buch von schreiben. Eine Berufsrichterin meinte in einer Schöffen-Besprechung nur: Man müsse ›die‹ (gemeint war die Summe der migrantischen Südländerdeutschen) einfach nur ›präventiv‹ drei Tage die Woche wegsperren, dann hätten wir halb so viel Kriminalität in Deutschland.“

Ein kleines Beispiel aus dem Anfang meiner Schöffenperiode im Gerichtssaal: Der Staatsanwalt verliest (eine halbe Ewigkeit) die Anklageschrift. Täter Deutscher (Türke), Anführer einer Gang, muskelbepackt. Taten: extreme Körperverletzung, Raub, Diebstahl, Drogendealerei und andere Delikte. Als der Staatsanwalt endete, stand der Täter auf, baute sich drohend auf und meinte voller Aggressivität: Jetzt weiß ich, wie du heißt, heute Abend bin ich draußen und ficke deine Tochter. Gut, das konnte verhindert werden, da der Staatsanwalt keine Tochter hatte. Urteil: drei Jahre drei Monate, ohne Bewährung. (Es geht auch ohne Bewährung.)

Nachdem es viele Fälle mit Bewährungsstrafen gab, fragte ich dümmlicher Weise die drei Berufsrichter, warum denn so viele mit Bewährung von den Amtsgerichten beim Landgericht landen. Antwort eines Berufsrichters am Landgericht: Wir (die Richter) haben eine mündliche

Anweisung vom Justizministerium NRW, dass eben möglichst nur im Ausnahmefall Gefängnis vergeben werden solle. Die Begründung war:

1. Die Gefängnisse sind voll;
2. die Kosten von über 3000 Euro pro Kopf und Monat sind nicht bezahlbar; und
3. (der echte Hammer) sonst wäre die Statistik so massiv negativ für die Migranten.

Das war noch zu rot-grüner Zeit. Nach dem Wechsel habe ich das unserem CDU-Abgeordneten mitgeteilt mit der Bitte, das anzusprechen. Nichts hat sich geändert. «

Zukunft

In meinem Buch „Der Untergang des Abendlandes, gefühlt ab 2015" habe ich bis zum Jahre 2149 ein mögliches Szenario aufgezeigt. Wie der Titel des Buches schon verrät ist das Resümee dieser Gedanken alles andere als glücksbringend. Sollte der Gutmensch oder der Flachdenker diese Entwicklungen für unrealistisch halten, dann glauben diese beiden Typen Mensch auch, dass Meer und See immer spiegelglatt sind, dass alle Kulturen sich bis heute gehalten haben, dass es nie Kriege gab, und dass alle Menschen gleich sind. Ich stehe auf dem Standpunkt sich langsam von der sanften Umschreibung anstehender Probleme und Katastrophen zu verabschieden und Tacheles zu reden – es wird sonst nicht verstanden. Und wer nicht versteht, lässt gewähren.

Deutschland und Europa waren und sind unkontrollierbar und erweisen sich immer mehr als schlaffe Völker. Der Islam wird in den nächsten Jahrzehnten immer an Einfluss gewinnen. Der gepflegte Umgangston wird einer primitiven Sprache nach Forderungen weichen. Afrika wird aus allen Nähten brechen, dort wird es dann weder Moral, noch Kultur, noch Gesetze, noch Bildung geben. Es wird dort Hunger und mörderischer Mundraub geben. Und viele Menschen von dort werden ungehindert nach Europa strömen. Die Afrikaner werden hungern und werden alles tun um sich in jeder Beziehung zu sättigen – ein ganz normales Verhalten mit diesem Hintergrund. Mercedes wird es nicht mehr geben, Porsche wird nach China umziehen, die gesamte, einst so erfolgreiche deutsche Wirtschaft wird sterben, weil sie von unfähigen Zweibeinern überrollt wird.

All dies hat sich Deutschland und Europa selbst zuzuschreiben. Die Verweichlichung und der bewusste Kontrollverlust sind die Gründe für den Untergang, den ich in meinem Buch als Szenario aufgezeigt habe..

Versuchen Sie über einen Zeitraum von sechs Monaten in Ihren politischen Diskussionen und Gedanken auf folgende Begriffe zu verzichten: Rassismus, Fremdenfeindlichkeit, Nazi, Rechter, Linker, Aktivist, Populist, Fremdenhasser, global und grenzenlos. Ersetzen Sie diese Begriffe mit Ihren persönlichen Beschreibungen. Wenn Ihnen das gelingt, sind Sie authentisch, wenn nicht unterliegen Sie der Massensuggestion.

Was nun?

Wir leben in einem sanktionslosen Staat, ein Selbstläufer. Sanktionslos, weil nicht alle Verfehlungen gerecht und fair anderen gegenüber geahndet werden. Je aufsässiger Deutsche oder Ausländer werden, je mehr verstehen sie den Begriff Freiheit als Freifahrtschein. Ich bleibe einmal bei dem

Begriff Freiheit. Alles, oder fast alles hat eine Range. Der Fluss hat eine Quelle und in den meisten Fällen eine Mündung, das Leben hat eine Geburt und den Tod, eine Fernsehsendung hat einen Anfang und ein Ende, eine Straße hat einen Anfang und ein Ende (oder zwei Anfänge und zwei Enden, wie die Wurst). Dies kann man mehr oder weniger sinnvoll fortführen. Dem Menschen in diesem Land wurde der Begriff „Freiheit" als eine Konstante immer wieder vorgebetet. Die Freiheit hat auch eine Range, von extrem autoritär bis extrem antiautoritär. Was denken Sie, was geschieht, wenn wir uns nach „extrem antiautoritär" hin bewegen, und was denken Sie wenn wir uns nach „extrem autoritär" hin bewegen? Freiheit ist wie eine Farbskala, alle Farbtöne kommen in unterschiedlichen Intensitäten vor, also zweidimensional. Die schleichende und negative Möglichkeit Freiheit in beide Richtungen zu überziehen sollte jedem bewusst sein, ist es aber nicht. Alle legen ihre Freiheit unterschiedlich aus. Die Freiheit des Einzelnen endet dort wo die Freiheit des Anderen anfängt.

Situationen oder Zustände lassen sich oft sehr gut an Extremen verdeutlichen. Was meinen Sie, wie sich ein Kind entwickelt, wenn es „extrem autoritär" heranwächst? Ebenso frage ich Sie, wie zeigt sich ein erwachsener Mensch, der „extrem antiautoritäre" erzogen wurde? Die Menschen bewegen sich in dieser Range Freiheit, sie ist in Deutschland unantastbar, auf dem Erdball aber real und hochflexibel.

In Schulen, in der Justiz, in sozialen Einrichtungen, in Krankenhäusern und vielem mehr zeigt sich die Freiheit im heutigen Zeitgeist. Zu hohe Toleranz und die Unfähigkeit zu gerechten Sanktionen mit Lerneffekt nagt an unserem Staat. Ein Wir ist immer weniger zu erkennen. Das Fremde, oft mit unserer Moral nicht Einhergehende, wird in manchen Teilen

der Bevölkerung hofiert, ja man legt sich fast auf den Rücken
ohne Not.

In Kindergärten und Grundschulen werden Betreuer und
Lehrer insbesondere in Ballungsgebieten mit hohem
Ausländeranteil drangsaliert, so dass sie selbst der
psychologischen Betreuung bedürfen. Ein gut behütetes Kind,
in einem Hort von zum Teil gewalttätigen Jung-Machos wird
ohne Ende leiden, es hat nichts mit dem es sich wehren kann.
Die Lehrkräfte sind in diesen Schulen überfordert, sie dürfen
nicht sanktionieren, die Polizei ist machtlos und die Justiz
gelähmt. Die kleinen Würmchen bekommen nicht ihr Recht,
dank einer feigen und selbstgefälligen massenpsychologisch
gesteuerten Politik. Ich habe null Vertrauen mehr. Der
muslimische Schüler bespuckt den deutschen
Klassenkameraden, wenn er ein Pausenbrot mit Schinken zu
sich nimmt.

All das ist noch harmlos gegen die Auswirkung des nicht
aufzuhaltenden Wachstums der afrikanischen Bevölkerung,
wie bereits erwähnt. All diese Thematik, Problematik und
Warnung derzeit und in Zukunft sind menschgemacht. Es
macht wenig Sinn, die Augen vor der naturgegebenen
Eigenart des Menschen zu verschießen, es macht auch keinen
Sinn, das Menschsein zu synthetisieren.

Ich habe aus den mir zur Verfügung stehenden und
abgewogenen Informationen in meinem Buch die sanften
Themen gewählt. Wenn Sie, so wie ich es drei Jahre getan
habe, in den unterschiedlichen Quellen recherchieren, dann
werden Sie auch auf Darstellungen dieses Erdballes stoßen,
die brutaler und perverser nicht sein können. Hier sei
nochmal erwähnt, dass ein Wegschauen oder ein Ausblenden
sich meiner Meinung nach rächen wird, es hat bereits
begonnen. Ich darf mir diese Beschreibungen erlauben. Ein

Politiker muss damit rechnen, dass er von seinem Posten auf undemokratische Weise entfernt wird. Achten Sie einmal darauf ob die neu zugezogenen Menschen die beiden Worte „danke" und „bitte" im Sprachgebrauch haben. Achten Sie auch darauf wie die Westler und die Muslime zum Lachen und zum Humor stehen. Liebe Frau Merkel, Sie haben die Tür offen gelassen und weit aufgemacht, es zieht, viele bekommen einen Schnupfen, vielleicht auch eine Lungenentzündung. Polizei und Justiz werden personell aufgerüstet, dies ist die Bekämpfung von Symptomen und bestätigt eine Verrohung im Lande.

Die Ursachen müssen eruiert und bekämpft werden. Dies ist möglich ohne den Verlust von Menschlichkeit und Gerechtigkeit. Flüchtlinge werden in diesem Lande so behandelt und angesehen, dass sie auf Dauer hier bleiben. Ein Krieg wird irgendwann zu Ende sein. Ich höre nirgendwo, dass die „Flüchtlinge" auf ihre Rückkehr vorbereitet werden. Der Wunsch nach Rückkehr ist weder von Seiten der Flüchtlinge noch von Seiten der Politik zu hören. Warum bezeichnet man sie dann als Flüchtlinge, es sind in erster Linie Invasoren und werden als Neubürger mit ihren bereits genannten Eigenschaften behandelt. So, liebe Politiker, geht das nicht.

Wie bereits beschrieben ist es eine unmögliche und nicht nachvollziehbare Einstellung der Bundeskanzlerin allen Menschen unkontrolliert Einlass zu gewähren. Ich wende mich nun an den Gutmenschen: „Nehmen Sie zwei Asylanten, nicht Ihrer Wahl, sondern Ihnen zugewiesen, für zwei Jahre in Ihr Haus auf und versorgen Sie diese Menschen. Sie wollen es nicht tun – dann sind Sie mit Ihrer Gutmenschen-Einstellung unglaubwürdig, Sie sind nicht authentisch. Denn Sie sozialisieren Probleme und nehmen gerne individuelle Vorteile in Kauf. Das nennt man unsozial, obwohl Sie in Ihrer Sozialgesinnung eine persönliche Selbstbefriedigung empfinden. Sie denken nicht weit genug und lassen Probleme an sich abprallen. Diese Einstellung und Ihr Handeln sind ein Risiko für die Stabilität eines Staates. Häufen sich diese Mentalitäten, so wird ein Staat irgendwann zerfallen mit den im Folgenden genannten Auswirkungen. Sie kennen den Spruch: Lieber ein Schrecken mit Ende, als ein Schrecken ohne Ende. Ihnen fehlt die Courage, ein Schrecken mit Ende in Kauf zu nehmen, Sie überlassen den Schrecken sich selbst. Ich habe mich nicht grundlos anfangs über den Mensch, insbesondere über Psychologie und Massenpsychologie ausgelassen. Sie sind dort auch erwähnt.

Nach dem Zweiten Weltkrieg wurde aufgebaut, organisiert und rationalisiert, Deutschland hat an einem Strang gezogen, es war viel zu tun. Heute schafft man sich synthetische Aufgaben, oder besser gesagt Probleme, die erheblich schwieriger zu meistern sind.

Alle die hier geschilderten Themen und Probleme hängen mehr oder weniger mit einander zusammen und sind zu einem erheblichen Teil selbst gemacht. Die Fähigkeit ein sinnvolles Ziel zu erreichen tritt immer mehr zugunsten psychologischer und massenpsychologischer Scharmützel in den Hintergrund. Irgendwann hat das Wachstum ein Ende, es ist dann fast nur noch Verdrängung möglich.

Wie könnte 2149 aussehen?

Die Weltbevölkerung wird rasant zunehmen. Entwicklungshilfen in der heutigen Form werden dies auch noch fördern. Afrika wird unter dieser Betrachtung im Fokus stehen. Der Bevölkerungszuwachs wird wesentlich höher sein als die Versorgung mit Lebensmitteln aus Afrika. Kein Land, keine Regierung wird es wagen gegen, die Geburtenrate einzuschreiten, obwohl die Folgen bekannt sind, werden diese nicht thematisiert. Im nördlichen Afrika wird vorwiegend der Islam mit seinen unterschiedlichen Ausprägungen ansässig sein, wie heute. Das Bildungsniveau in Afrika sinkt durch das Hungerproblem extrem, obwohl es nie Weltdurchschnitt verzeichnen haben wird.

Raub, Mord, Totschlag und andere Verbrechen wachsen immens, so dass kein afrikanischer Staat regelnd Einfluss nehmen kann, der Westen schon gar nicht. Die Regierungen im nördlichen Afrika werden korrupter und brutaler. An die Not des Volkes wird niemand denken. Es reisen bis 2065 etwa zwei Millionen Afrikaner jährlich nach Europa ein. Deutschland nimmt die Hälfte davon auf. Dies werden bis 2064 rund 40 Millionen Zuwanderer sein. In den Folgejahren wird es bei diesem Niveau bleiben. Europa wird nichts unternehmen um Einfluss auf die Geburtenrate in Afrika zu nehmen, Europa unternimmt nichts, um Grenzen zu ziehen, Europa unternimmt auch nichts, um den Zuwanderern Grenzen des täglichen Lebens aufzuzeigen. Die Zuwanderer werden fast eine homogene Masse, die sich nicht scheut ihre gewohnte Moral in Europa anzuwenden, und die ist mit der westlichen Moral nicht zu vergleichen.

Durch die Zuwanderung fordert der Islam immer mehr Raum und Einfluss. In 2100 wird keinerlei, so wie wir es gewohnt waren, geordnetes Leben mehr möglich sein. Nachdem der Anteil der Einwanderer in Deutschland deutlich über 50 Prozent wächst und die Deutschen mit ihrer guten demokratischen und friedlichen Erziehung keinen Gesamtwiderstand leisten werden, bricht schleichend aber bestimmt das Chaos aus. Es entsteht ein Zustand zwischen Bürgerkrieg und Guerillakrieg. Deutsche Produktivität im

Sinne von Schaffenskraft wird zerstört. Durch den enormen Zuwachs in Europa entsteht ein Energieproblem, das nicht ansatzweise eine geregelte Versorgung gewährleisten kann. Man kann nun erahnen, dass sich in Europa Ähnliches abspielen wird wie in Afrika Jahrzehnte zuvor. Hunger und schlechteste Lebensmittelversorgung sind an der Tagesordnung. Mundraub wird Standard und durch eine vorwiegend islamische Justiz wird einmal so und einmal so geurteilt.

Ein Kometeneinschlag in der Hudson Bay in Kanada wird letztendlich zum kompletten Zusammensturz der gesamten Weltwirtschaft führen, soweit man davon noch reden kann. Am wenigsten wird der Osten Asiens von der Natur- und der Wirtschaftskatastrophe betroffen sein. Hier gibt es keine Ausprägung von Religionen, so wie wir es kennen, das Christentum, der Buddhismus und den Hinduismus. China beruft sich sehr lange auf Konfuzius, eine Weltanschauung die nicht zu unterschiedlichen (guten und schlechten) Auslegungen im täglichen Leben führte wie der Islam. Im ehemaligen Westen weichen die Kirchen den Moscheen. Sehr viele ehemalige Christen konvertieren zum Islam. Ab 2117 erkennt man eine Gesamtsituation ähnlich des Mittelalters.

Wegen einer, rückwirkend betrachtet, unseriösen Finanzpolitik, brechen Europas Banken zum großen Teil über diese Zeit hin wegen Überschuldung zusammen. Danach geht es den Staaten an den Kragen und somit den öffentlichen Versorgungssystemen. Es kommt zu bürgerkriegsähnlichen Zuständen, als einzelne Länder die EU verlassen wollten. Mit Hilfe einer „Anti-Hass Brigade", den späteren Nachfolgern der Antifa, und muslimischen Söldnern gelingt es den regierenden „Sozialtechnokraten" die Aufstände und Sezessionsbewegungen niederzuschlagen. Um den gewandelten demografischen Realitäten Rechnung zu tragen, wird in einem Vertrag im ehemaligen Wien im Jahre 2041 etwa die Hälfte Europas an „Das Kalifat" und „Mauretanien" abgetreten. Nur sieben weiße „Homelands", unter ihnen Austrasien (ehemals Deutschland) bleibt vorläufig unabhängig, in ihnen werden jedoch die Heimatsprachen zugunsten der primitiven Universalsprache Multilingue abgeschafft. Das gesamte überlieferte Wissen, Gedichte, Wissenschaft, Romane, Kunst verschwinden in schwer bewachten Tresoren, der Papst wird ermordet, das Christentum teilweise verboten und ein Großteil der Kirchen werden zerstört oder konvertieren zu Moscheen, zuletzt der große Dom von Al-Colonia (ehemals Köln). Als die „Sozialtechnokraten" die endgültige Übergabe der weißen Homelands an die Muslim-Staaten vorbereiten, bricht Ende des Jahrhunderts ein letzter vergeblicher Aufstand aus, der jedoch niedergeschlagen wird. Damit war Europas Schicksal besiegelt, ab 2100 werden die letzten Europäer in der Minderheit sein. Es blieb die Frage: Wie konnte ein so großartiger Kontinent derart abstürzen?

Freiheit und Demokratie wurden immer als Konstante gesehen, ohne Anpassung, die Folgen werden sein: kein Anpassungswille, mangelnde Zivil-Courage der Politik, selbstzerstörendes Phänomen der Europäer, Toleranz steht vor realer Kritik, Gutmenschentum, alle Menschen sind gleich und die Masse ist gut, Angst ein zentrales Gesetz anzupassen, ausufernde Religionsfreiheit, uneingeschränktes Asylrecht und so weiter.

Ich betrachte nun die folgenden Themen aus der Perspektive des Jahres 2149.

Religion

Am Anfang unserer Zeitbetrachtung zwischen 2017 und 2149 haben sich eine beachtliche Anzahl der Asylbewerber zum Christentum konvertieren lassen. Die christlichen Kirchen haben diesen Vorgang unkritisch und ohne großes Hinterfragen vollzogen. Ähnlich wurde das Konvertieren vom Christentum zum Islam praktiziert. Das Ziel Christentum wurde von den Asylanten nicht aus Überzeugung gewählt, denn sie kennen das Christentum nicht, sondern nur aus dem Interesse Vorteile in Europa beziehungsweise Deutschland zu erwirken. Da durch den Bevölkerungszuwachs in Afrika immer mehr Menschen unaufhaltsam nach Europa drängten, zeigte sich im Laufe der Jahrzehnte immer mehr ein Machtverhältnis zugunsten des Islam. Die Zugereisten hatten im Durchschnitt rüdere Umgangsformen, nebst Moral und Kultur. Der Alteuropäer war in der Mehrzahl an „Danke" und „Bitte" gewöhnt, dies war bei den Zugereisten bei Weitem nicht durchgängig der Fall. Man konnte sagen, es standen gute Umgangsformen einem forderndem Verhalten gegenüber.

Die im Koran zu entnehmenden Verse haben dieses Verhalten noch unterstützt, die Europäer sind ungläubig und bedurften einer fast radikalen Behandlung. Diese Waage der Mentalitäten bewegte sich immer mehr zugunsten des Islam. Kein deutsches oder europäisches Gesetz konnte hier gegenhalten. Der Islam hat letztendlich in Politik und Staat die Oberhand gewonnen. Das Christentum ging zurück, weil sehr viele durch Heirat oder Druck zum Islam fast gezwungen wurden. Viele Kirchen wurden zu Moscheen, ähnlich wie bei der Hagi Sofia in Istanbul vor langer Zeit. Ein Papst lebte im Exil, weil er von Muslimen mit Gewalt vertrieben wurde. Gewalt kannten Papst, Vatikan und die Christen im 21. Jahrhundert nicht. Aus dem Petersdom wurde die größte Moschee auf diesem Erdball.

Am Anfang unseres Zeitspektrums hat man zu lange am Grundgesetz und an dem Freiheitsbegriff festgehalten, ohne es den neuen Gegebenheiten anzupassen. Beides wurde unveränderbar als Konstante angesehen. Der Begriff der Toleranz wurde zu lange sehr ausdehnt gelebt. Europa, insbesondere Deutschland ging es sehr gut, der Mensch wollte sich auf keine Konflikte einlassen, das Gutmenschentum hat gut getan. Gerade, die im Grundgesetz verankerte Religionsfreiheit, hat in ihrer unveränderten Toleranz ganz entscheidend zu dieser beschriebenen Veränderung der Religion in Europa geführt. Während man bei aufgeklärten Christen immer noch Realität erwarten konnte, zeigte sich die Auslebung des Islam wie eine seelische Droge, ideologisch bis fanatisch. Mit dieser demografischen Veränderung ging auch die Vermehrung des aggressiven Islam einher. Der Koran, der Dschihad ersetzten die zehn Gebote. Immer mehr Muslime konvertierten zum Christentum um ein Bleiberecht zu erwirken und es radikal zu unterwandern.

Bevölkerung, Menschen, demografischer Wandel

Am Ende unseres Betrachtungszeitraumes hat sich die Bevölkerung in Afrika gegenüber 2017 fast verzehnfacht. Die Versorgung an Lebensmittel ist in dieser Spanne nicht mitgewachsen. Wenn 2017 für zehn Afrikaner annähernd und durchschnittlich ausreichend zu essen und zu trinken vorhanden war, so reichten die Lebensmittel viele Jahrzehnte später nur noch für fünf Personen. Die in einigen Regionen Afrikas heute sehr niedrige Moral entwickelte sich wegen Hunger und Durst zu Diebstahl, Körperverletzung bis hin zu bedenkenlosen Morden, nur um nicht zu verhungern. Man kann dieses Verhalten auch als eine Art Notwehr bezeichnen. Stellen Sie sich bitte genau diese Situation in Deutschland vor. Was denken Sie, ob alle Deutschen brav und freizügig bleiben, auch wenn sie Hunger und Durst haben? Ich denke das nicht.

Ab einem gewissen Notstand reagieren Mensch und Tier alle ähnlich. Moral und Menschlichkeit sind am Beispiel Afrika dann am Boden, ebenso die Produktivität und Leistungsfähigkeit.

Dann begann eine nie dagewesene Völkerwanderung von Afrika in das satte Europa. Ureuropäer konnten nur noch zu 40 Prozent ausgemacht werden. Es kamen immer mehr Afrikaner, obwohl das alte Europa mittlerweile Grenzen eingerichtet hat. Dies waren Grenzen, die diesem Ansturm nicht standhielten, Metzeleien waren in Grenzgebieten an der Tagesordnung. Europa konnte auch Afrika nicht mehr helfen, weil die Bevölkerungsstruktur eine völlig andere wurde als 2017.

50 Prozent der europäischen Bevölkerung trat für Afrika ein, es war aber nicht mehr zu retten. Mit der andauernden Invasion der Afrikaner wurde Europa immer leistungsunfähiger, der heutige Lebensstand sank auf ein sehr niedriges Niveau. Man muss sich nur einmal vorstellen, dass man 2017 ein gutes Glas Rotwein vor sich hat und mit Freunden den edlen Tropfen genießt. Legt man nun einen Eiswürfel in den Rotwein, so hat dies noch keine sonderliche Auswirkung auf Geschmack und Qualität. Ein zweiter, dritter oder vierter Eiswürfel, die dann langsam schmelzen, verändern Geschmack und Qualität Zusehens. Ist der Geschmack erstmal hin, lässt sich der Tropfen nicht mehr reparieren. Von dieser Qualität und Leistungsfähigkeit stand Europa am Ende unserer Betrachtung. Durch die langsame und stetige Vermischung des Zuzuges gingen Moral und Produktivität stark zurück. Wer die vier Grundrechenarten kennt, wird diese Entwicklung teilen. Erschwerend kam hinzu, dass über 50 Prozent der Invasoren überzeugte Muslime waren. Die Produktivität der muslimischen Länder war erheblich geringer als die im alten Europa.

Die sozialen Triebe (meine Definition) der Menschen (positiv: Liebe Nachsicht, Aufopferung, Verzicht, Hilfsbereitschaft, Kooperationsbereitschaft, Teamgeist, Verständnis, Großzügigkeit, Trauerfähigkeit, Realitätssinn und negativ: Gier, Machtstreben, Aggression, Verständnislosigkeit, Neid, Hass, Rücksichtslosigkeit, Rache, Missgunst, Geiz, Fanatismus) bleiben erhalten und wurden immer mehr zum Negativen hin ausgelebt. Der Familiensinn und auch Zusammenhalt in der Familie war fast verschwunden. Alle Triebe, auch angefragter Sex, wurden rücksichtslos ausgelebt.

Sport und körperliche Ertüchtigungen, sowie Wettkämpfe hatten keinen Bestand mehr, man war zu sehr mit sich selbst und dem Eigenerhalt beschäftigt. Die Kinder waren „Staatseigentum" und wurden, da sie nicht mehr durch Frauen ausgetragen wurden, nach der Kunstgeburt im Brutkasten, nach einem Schlüssel in Gruppen wie Heimen aufgeteilt. Das Interesse der eigentlichen Eltern am eigenen Kind war nur in Bruchstücken zu erkennen. Ein nicht unerheblicher Teil der Kinder, die aus Afrika eingereist sind, kannten den Umgang mit Waffen bestens, sie sind damit groß geworden. Die Kinder wussten ganz genau, dass mit Waffen schnell getötet werden kann. Die Toleranzgrenze war sehr niedrig. Nun sind diese Kinder aber in Europa, was denken sie wie sich diese Kinder und später Heranwachsende ihr vermeintliches Recht holen? Sicher nicht durch Danke und Bitte. Im Stall wird der Geruch geprägt, den ein Mensch oder ein Tier nicht vergisst. Damit möchte ich sagen, dass die ersten Jahre im Leben eines Menschen oder Tieres neben den angeborenen Talenten prägend sind. Hat ein Kind töten oder rauben gelernt, so ist die Hemmschwelle, dies zu tun gering. Hat ein Kind Rücksicht und Teamgeist gelernt, so ist die Wahrscheinlichkeit hoch, dass es neben seinen angeborenen Talenten dies ausleben wird. Wächst ein Kind heran, und es nimmt seine Menschen-Umwelt wahr, so wird es wie die

Äffchen das Vorgelebte nachmachen. Und so wurden die Negativ-Eigenschaften nach Europa getragen und auch ausgelebt. All diese negativen geschilderten Zustände und Umgangsformen waren so dominant, dass man auf die kleine Minderheit der guten Moral verzichten konnte.

Wir kennen Rudel- und Schwarmtiere. Zu dem ersteren zähle ich auch den Mensch. Eine deutliche Ausprägung des Rudelverhaltens ist der Zusammenhalt und das Abgrenzen von Territorien. Das ist Natur und wurde vom Menschen in unserem Betrachtungszeitraum abgeschafft. Meine Meinung dazu ist: Sobald der Mensch in die Natur eingreift, wird sich dies früher oder später rächen. In jüngeren Jahren habe ich zum Beispiel den Fortschritt als uneingeschränkt und unbedingt als förderungsfähig angesehen. Soziale Veränderungen, die ins grenzenlose gehen sind so gesehen ein sozialer Fortschritt. Heute sehe ich dies in dieser Deutlichkeit nicht mehr, heute grenzt diese Einstellung und auch Toleranz an Dummheit.

Was waren und sind mir Freundschaften wichtig. Es gibt nicht nur ein Gefühl von Zugehörigkeit und Verständnis, es zeigt auch die eigenen Grenzen auf. Die Freundschaften haben in meiner fiktiven Geschichte enorm gelitten. Jeder suchte wegen Knappheit an Ressourcen seinen eigenen Vorteil. Es gab kaum noch ein Miteinander, das Gegeneinander gewann an Macht. Mit diesem Verhalten konnte keine ordentliche Produktivität aufrechterhalten werden. Wir haben heute, 2017, Erfolg, weil wir unsere Arbeit aufteilen, jeder macht das worauf er spezialisiert oder ausgebildet ist, es ist ein Miteinander zuarbeiten, ein Räderwerk in dem die Räder aufeinander abgestimmt sind. Bis 2149 haben einige Räder nicht mehr gepasst, sie wurden ersetzt, zeigten schlechte Qualität.

Nach dem Zweiten Weltkrieg bis heute haben sich Höflichkeit und ehrlicher Respekt vor dem Gegenüber durchgesetzt. Sicher gibt es für jeden Menschen mal einen Ausrutscher, aber „Danke" und „Bitte" sind bei uns Standards. Nun stellen Sie sich mal ein Kind vor das von seinen Eltern viele Geschenke bekommt ohne jemals in seiner Entwicklung darauf aufmerksam gemacht zu werden, dass hinter den Geschenken Arbeit und Rohstoffe stehen. Diese produzieren sich nicht von selbst. Je nach Erziehung darf davon ausgegangen werden, dass ein erheblicher Teil davon von diesen verwöhnten Gören im späteren Leben einfordern wird. Im Kopf dieses kleinen Menschen steckt drin, dass man etwas bekommt ohne etwas zu leisten. Sicher haben wir das Glück beim Wandern in den Bergen eine Wasserquelle zu finden, wir müssen nur trinken. Dies sind aber absolute Ausnahmefälle. Der Großteil der sogenannten Flüchtlinge empfindet wie dieses Kind, von uns vorgegeben.

Am Anfang unseres Betrachtungszeitraumes hat besonders Deutschland Einladungen an afrikanische und muslimische Länder verschickt. Mir persönlich liegt unterschiedliche Literatur vor, in der in arabischen Sprachen der Zugang und die Lebenshaltung für sogenannte „Flüchtlinge" in Deutschland beschrieben werden. Ich bleibe zunächst einmal bei dem Begriff „Flüchtlinge", obwohl diese Bezeichnung nach meiner Meinung nicht zutrifft, Beispiele wurden hier bereits genannt. Hier in Deutschland bekommt die Masse der Flüchtlinge eine Unterkunft, Essen und Trinken, Taschengeld, Kindergeld und einiges mehr. Diese Menschen sind auch mit dieser Einstellung schon nach Deutschland gekommen. Dies ist nur eine reale Feststellung: Diese Menschen bekommen etwas ohne Gegenleistung – pädagogisch ist dies völlig falsch und zielt in eine nachhaltig negative Richtung. Der Mensch gewöhnt sich an Geschenke. Da sehr viel über das Leid der Kriege in den Medien berichtet wird, erspare ich mir dies hier. Niemand, ich betone nochmal, niemand kennt die Wahrheiten die hinter diesen Menschen sich verbergen. Glauben Sie bitte nicht, dass diese Menschen bessere Menschen sind als wir. Auch sie wissen ihren Vorteil zu nutzen. Die in den Medien und der Politik gerne aufgeführten positiven Fälle von Flüchtlingen, sind eher unterrepräsentiert.

Zur Vorteilsnahme gehört ganz klar das Lügen oder das Verfälschen von Wahrheiten. Ein dummer Mensch kann nicht lügen, dazu gehört nämlich die Fähigkeit, eine plausible Fassung einer Situation verständlich zum eigenen Vorteil darzulegen. Dies ist zunächst – ich nenne es einmal ein Verfahren – in Wirtschaft, Politik und Gesellschaft sich zu behaupten. Eine kleine Veränderung einer Beschreibung, um sich vielleicht selbst in ein besseres Licht zu stellen, ist schon der Anfang einer Lüge. Und dies zur Erkenntnis für alle: Die sogenannten Flüchtlinge lügen auch zu ihrem Vorteil. 2110 hatten die, die heute zu uns kommen einen politisch starken Stand, die Grundmoral hat sich auch nicht groß durch die Alteuropäer verändert. Man glaubt nicht wie lange sich Grundeinstellungen und Verhaltensmuster über Generationen halten können. Anzunehmen, dass sich die Flüchtlinge etwa in Deutschland in zwei Jahren total angepasst haben, ist ein Irrtum. Fährerweise muss man feststellen, und nur diese Beispiele werden heute in den Medien publiziert, dass sich doch eine auffallende Anzahl der Zugereisten arbeitstechnisch intergiert hat, einige sind aber auch wieder in die Mentalität der Herkunft zurückgefallen.

Europa hat auf diesen Völkerstrom, später als Invasion bezeichnet, immer mehr mit Hass und Spaltung reagiert. Deutschland hat sich wegen dieses Themas tatsächlich gespalten. Auf der einen Seite waren die Gutmenschen, Realitätsfremde, Verdränger und Rächer an unserem System, auf der anderen Seite waren die Fremdenhasser (man ist kein Fremdenhasser, wenn man mit Weitblick zukünftige Probleme mit den Flüchtlingen erahnen kann), Realisten mit Weitblick und Tiefgang. Als Deutschland dann 40 Prozent Ausländeranteil verzeichnete, kam es zu bürgerkriegsähnlichen Zuständen. Dadurch entstanden so viele Reibungsverluste, dass die Wirtschaft viel an Produktivität einbüßen musste. Der schon reduzierte Lebensstandard, im Vergleich zu 2017, wurde dadurch noch einmal gesenkt. An Luxus war nicht mehr zu denken. Es gab natürlich einige Leute, die sich auf Kosten anderer bereicherten. Dazu hat auch die Weiterentwicklung des heutigen Internets beigetragen.

Frühere Gewaltspiele am Bildschirm wurden größtenteils durch Gewalt im realen Leben ersetzt. Der Einfluss der Eltern war minimal und die „staatlichen Erzieher", zu einem erheblichen Teil gewalterzogene ehemalige Kinder aus Afrika, hatten kein Interesse an einer menschlichen Normalisierung, sie kannten auch nichts anderes. Eine Spirale hat sich aktiviert, die nicht mehr rückgängig zu machen war.

Korruption und Bestechlichkeit waren an der Tagesordnung. Aus dem alten Europa wurden zusammengewürfelte Menschgruppen ohne gesellschaftliche Regeln. Auch dies hat an der Gesamtproduktivität genagt. So wie wir heute Schurkenstaaten sehen, ohne moralischen Halt, so zeigte sich 2149 Europa. Korruption wurde durch Begehrlichkeiten gefördert. Alle die sich auf unredliche Weise Vorteile verschafft haben, wurde zum Objekt der Begehrlichkeit. Ein Schurke kämpfte gegen einen anderen Schurken.

Das individuelle Denken wurde den Massen überlassen. Es gab zwei Meinungsquellen. Zum einen haben Politiker

Meinungen gesät, zum andern haben sich Meinungen ohne Hirn und Sachverstand aus der Masse heraus ergeben. Und die Masse hatte Macht, denen sich auch die Politiker nicht verschließen konnten. Aber in der Masse kann sich der Mensch verstecken und darf unentdeckt seine primitive Seite zeigen. Es bedurfte nicht der Kunst eines hervorragenden Redners oder Polemikers um die Massen zu beeinflussen. Betete man dem Mensch dreimal etwas vor, so nahm er dies als seine Meinung an. 80 Prozent der Menschen bildeten sich so ihre Meinung. Hatte man die Menschen mit der Massenpsychologie erstmal eingefangen, waren sie leicht zu führen.

Geld in unserem Sinne gab es nicht mehr. Zahlungsverkehr, der Tausch genannt wurde, erfolgte ausschließlich im Datenstream. Aber die Menschen wussten schon einzuschätzen, wer nach den damaligen Verhältnissen mehr oder weniger vermögend war. Vermögen, Anteile genannt, wurden mit Macht gleich gesetzt und zog Neider auf sich. Das menschliche Verhalten darauf wich nicht von dem in 2017 ab. Auf der anderen Seite, auch wie heute, haben die Vermögenden Fans auf die Tagesordnung gebracht.

Einem Teil der Flüchtlinge ist es sehr gut gelungen, von den Europäern zu lernen. Diesen Typ Mensch bezeichne ich als clever, sie haben auch gesehen, dass gesellschaftliche und politische Ordnung zu einem Gesamtvorteil der Bevölkerung führt. In den späteren Jahren wurde aber wieder erkannt, dass es der Produktivität und der Gesellschaft zuträglich ist, dem Einzelnen wieder vermehrt Verantwortung zu übertragen.

Das Denunzieren in öffentlichen Portalen hat im Vergleich zu 2017 enorm abgenommen, weil sich jede Person identifizieren musste. Hetzparolen kamen so gut wie nicht mehr vor. Jeder hat sich überlegt was er veröffentlicht, denn er war angreifbar. Alles was in den dann existierenden Medien veröffentlicht wurde, stieß auf großes Interesse. Der Mensch war immer noch sensationslüstern. Reaktionen wie Schadenfreude und Begeisterung waren, wie auch 2017, an der Tagesordnung. Das Problem der schnellen und auch manchmal falschen Information ist geblieben. Aber man konnte die Quelle des Informationsgebers schnell ausfindig machen. Der Computer hat Vieles dem Menschen abgenommen, in einigen Bereichen auch das Denken. Dadurch wurde der Mensch reduziert, er hat sich selbst reduziert. Entscheidungen und Stellungnahmen wurden vom Mensch auf die Maschine übertragen.

Es ist bei einigen ein gewisses Maß an Individualität geblieben. Dies ist Fluch und Segen zugleich. Das individuelle Wirken des Menschen trägt entscheidend zu einem Fortkommen bei. Da aber das Maß an Massensuggestion so groß war, hatte man wenige Möglichkeiten des individuellen Auslebens. Das Ergebnis waren auch Selbstüberschätzung und falsche Wahrnehmung. Es gab doch immer wieder euphorische Menschen, die gehandelt haben, ohne die Folgen einschätzen zu können. Wenn es dem Esel zu gut geht, geht er aufs Eis. Geblieben ist die Neugier der Menschen, und die ist Voraussetzung für den Fortschritt.

Der soziale und gesellschaftliche Unterschied zwischen Mann und Frau wurde kleiner im Vergleich zu 2017. Da die Kinder von einer Automatenmutter ausgetragen wurden, haben sich im Laufe der Jahre auch Körper und Psyche der Frau verändert. In den letzten Jahren unserer Betrachtung wurde festgestellt, dass die Veränderung der Frau eine genetische Auswirkung auf das Kind zeigen kann. Man vermutete, dass das allgemeine und auch spezielle Sozialverhalten sich abbaut. Es entstand eine wissenschaftliche Diskussion über das Thema „Gene versus Umwelt". Durch den technischen (zweifelhaften) Fortschritt des automatischen Austragens eines Kindes, bekamen „Gene" mit ihrer Manipulierbarkeit immer mehr Bedeutung.

Der soziale Begriff der Toleranz hat stark abgenommen, da zu viel gekämpft wurde und Einstellungen gegenüber anderer Gruppen von der Politik vorgegeben wurden. Mit dieser Veränderung ging auch die Empfindung des Mitgefühls zurück.

Das Beurteilungsvermögen anderer und sich selbst einzuschätzen, war extrem reduziert. Denn von Staats wegen wurden diese Urteile vorgegeben. Ein Mensch wurde nach Kriterien seiner Ausbildung und Leistungsfähigkeit eingegliedert. Auf diese Einordnung hatte jeder Zugriff – dies war sein Urteil. So wurde auch in der Einordnung eine Art Klassifizierung in intelligent, klug und dumm – nach der Bezeichnung in 2017 – eingearbeitet.

Nicht nur die unterschiedlichen moralischen und politischen Auffassungen haben zum Bürgerkrieg geführt, es waren in Deutschland auch viel zu viel Menschen, die ja alle versorgt werden wollten. Vielen Menschen geht es so, dass sie sich in der Masse mit Schubserei mehr als unwohl fühlen. Da kommt es schnell zu aggressiven Handlungen.

Da sich der Mensch in dieser Zeit immer mehr von der Natürlichkeit seines Daseins entfernt hat, es merkte, aber keine Mittel dagegen hatte, nahm er Drogen. Der illegale Drogenhandel hatte mehr Bedeutung als 2017. Instinktiv merkte der Mensch, dass ihm etwas fehlte und betäubte sich mit Drogen. Die Wahrnehmung des drogenfreien und auch des abhängigen Menschen war geringer als 2017. Es wurde ihm zu viel von Staat und Maschine abgenommen.

Es gab eine deutliche Anzahl Menschen, die ihr freies Denken erhalten haben. So war man sich durchaus bewusst, dass das Leben wesentlich bessere Zeiten aufweisen konnte. Man reflektierte auf die Jahre nach 2015 und sah dies als ein Anfang einer Spirale deren Bewegung nicht mehr zu stoppen war. Insbesondere Deutschland hat das Aufgeben von Grenzen und die Auswirkung des unkontrollierten Asylrechts in seiner Strafverfolgung nie angepasst. Tausende von Menschen konnten über alle Grenzen marschieren ohne eine Kontrolle oder ein Halten. Einige Jahre zuvor, 2010 noch, wurde man bei illegalem Grenzübertritt bestraft. Es kamen dann Menschen nach Deutschland, von denen keiner wusste wer sie waren und was sie wollten. Natürlich sind einige vom Krieg geflohen, aber bei weitem nicht alle. Dies war eine Bewegung, die ab einem Punkt nicht mehr aufzuhalten war.

In unserer Zeit denkt man gerne an vergangene und schöne Tage, man genießt das Schöne, wiederholt aus Gewohnheit. Die Menschen am Ende unserer Zeitbetrachtung hatten aus der Sicht von 2017 keine schönen Zeiten, es gab deswegen auch keinen Grund etwas aus Gewohnheit zu wiederholen. Die Suizid-Gefahr war aus diesem Grund sehr hoch. Sicherlich haben sich die Menschen damals an einen Trott gewöhnt, aber nur aus Gewohnheit.

Öl gab es nicht mehr, die reichen Ölscheichs wurden arm, weil sie außer Öl nicht viel hatten. Während Deutschland mit sehr wenigen Bodenschätzen sich auf Produktion, Handel und Dienstleistung eingestellt hat, haben dies die Scheiche versäumt.

Führungskräfte und Politiker wurden nach einem festgelegten Beurteilungsverfahren ernannt. Wie bereits erwähnt, wurde jeder Mensch mit verschiedenen Eigenschaften, Leistungen und Ausbildung klassifiziert. Wurde eine Führungskraft oder ein Politiker gesucht, wurden die gewünschten Eigenschaften auf ein Raster gelegt und im digitalen Pool der Menschen gesucht. Persönliche Gespräche gab es nicht, weil das, was wir 2017 als Menschenkenntnis bezeichnen damals völlig verkümmert war.

Haustiere gab es in unserem Sinne nicht mehr. Zwar war der Politik klar, dass auf diesem Erdball ein Einklang mit der Natur zu halten ist, aber Haustiere durften nicht gehalten werden. Dies übernahmen übergroße Zoos. Es war durchaus bewusst, dass jede Pflanze und jedes Lebewesen seinen Platz auf diesem Erdball hat. Trotz unschöner Zeiten war doch noch Platz für solche Einstellungen.

Die Musik wurde nicht mehr von Komponisten kreiert und von Musikern vorgetragen, Musik kam aus einem Generator. Selten wurde deshalb ein Musikstück mehrfach gespielt. Der damalige synthetische DJ wählte nur die Musikrichtung aus, alles andere machte der Computer. Ohrwürmer gab es nicht.

In früheren Zeiten wurde, um keine Unruhen entstehen zu lassen, das Thema der Migration immer weniger behandelt und auch unterschiedlich ausgelegt. Ein Beispiel: Wer in Deutschland als Asylant einreiste, war ein Migrant. Wer in Deutschland geboren wurde, etwa mit Eltern aus arabischen Ländern hatte Migrationshintergrund. Um einen Menschen völlig zu integrieren, dies bedeutet, dass er die Gepflogenheiten des aufnehmenden Landes annimmt, bedarf es mehr als einer Generation, denn der Einfluss der Familie, insbesondere der Eltern wirkt nachhaltig (aus der Sicht von 2017).

Deutschland wurde zu einer ungesteuerten Promenadenmischung mit erheblich weniger Produktivität.

Volkswirtschaft, Zahlungsmittel, EU

Am Ende unseres Betrachtungszeitraumes hat sich die Produktivität, insbesondere im ehemaligen Deutschland, auf die Hälfte reduziert. Der Hauptgrund liegt in der Mehrzahl der Einwanderer, die in der Masse nicht über vergleichbare Kenntnisse, Leistungsvermögen, Ausdauer und Ausbildung verfügten. Die unterschiedlichen und ausgelebten sozialen Konflikte haben mit ihren Reibungsverlusten zu diesem Zustand beigetragen. Die Auswirkungen des praktizierten Islams bremsten die Wirtschaftskraft. Nach einem Auswahlverfahren nach „Stellungs-Punkten" (ein Werteverfahren, das sich ein Mensch im Laufe seines Lebens erwerben konnte) wurden Ingenieure, Forscher und Wissenschaftler ausgewählt und mit unter politischem Druck schlecht entlohnt. Genau diese Menschen sind es die 2017 die Wirtschaft entscheidend am Laufen halten. Die technisch und wissenschaftlich Kreativen rekrutierten sich noch zu einem Teil aus den ehemaligen Alteuropäern.

Die Entlohnung erfolgte nach einer Wertescala des jeweiligen Mitarbeiters in zehn Stufen. Man konnte durch ein persönlich angesammeltes System Punkte gewinnen, aber auch verlieren. Dieses System war Grundlage für die Entlohnung, die auch offen gelegt wurde. Dass dadurch Neid und Missgunst entstanden sind erklärt sich von selbst.

Am Ende des Betrachtungszeitraumes waren alle Ölreserven erschöpft. Daraufhin hat man sich immer stärkere Wiedergewinnung von Energie aus nicht fossilen Quellen konzentriert. Ein Trend der heute (2017) klar zu erkennen ist.

Gegen Ende unseres Betrachtungszeitraumes lag der Anteil an Männern in Mitteleuropa, insbesondere das Gebiet des ehemaligen Deutschlands bei fast 70 Prozent. Dies führte ständig zu Rivalitäten und überhöhten Vergewaltigungen von Frauen. Der Staat war nicht mehr in der Lage, dieser Problematik Herr zu werden. Vor diesem Hintergrundgeschehen wurden Rache und Vergeltung täglich verübt. Dieser hohe Anteil an Männern, vorwiegend Schwarze, ist auf die Völkerwanderungen und Invasionen aus Afrika zurückzuführen, denn Afrika war völlig überbevölkert und befand sich in ständiger Hungersnot.

2018 wurde die langsam und schleichend Gelddruckmaschine angeworfen: Das Ergebnis war die Geldentwertung.

2033 sind starke Formen der Rationalisierung auf allen Gebieten eingesetzt worden. Dies hatte zur Folge: Freisetzung von Arbeitnehmern, Rückgang der Produktions- und Leistungsqualität.

2035 wurden immer mehr Mitglieder in der EU und EURO-Zone aufgenommen, dadurch entstand eine Überschuldung gepaart mit falscher Geldpolitik. Man drängte auf eine Umverteilung von Nord nach Süd (in Krisenländer), in der Folge wurden soziale Konflikte und finanzielle Notsituationen provoziert. Umverteilung des Vermögens änderte nicht die Mentalität der Krisenländer, Krisenländer waren beratungsresistent.

2036 wurde eine Organisation einer internationalen und globalen Börse für Waren und Dienstleistungen eingerichtet. Damit erhoffte man sich bessere Transparenz, eine leichtere Vergleichbarkeit und sinkende Preise. Nach einigen Jahren konnte der Rückgang von Werbung verzeichnet werden. Ein starker Wettbewerb führt zu vielen Pleiten. Aus der Sicht im Jahr 2017 nicht nachvollziehbar.

2037 brechen starke Volkswirtschaften zusammen, Demonstrationen und Revolten nehmen überhand bis zur Blockierung des täglichen und wirtschaftlichen Lebens.

2038 wurden Teilenteignungen von Unternehmen und private Vermögen gegen massiven Wiederstand beschlossen. Produktivität und Motivation lassen weiter nach.

2040 ändert sich die Arbeitswelt gravierend. Homeoffice, kaum Dienstreisen wegen Internetnachfolger, freie Zeiteinteilung mit Kontrolle wurden eingeführt. Etwas Beruhigung trat in die Bevölkerung ein.

2046 wurden neue Zahlungsmittel eingeführt, Geld/Euro stirbt, freie Banken gibt es nicht mehr, Verstaatlichung der Kredit- und Geldwirtschaft, enormer Anstieg der Korruption wurde verzeichnet. Clevere Individuen verstehen es, sich daraus einen eigenen Vorteil zu verschaffen. Man empfindet ein neues mobiles Zahlungsverfahren als unkompliziert und vorteilhaft, Hacker nutzen dies schamlos aus. Angestellte und Arbeiter wurden deswegen freigesetzt, man hatte keinen Bedarf mehr für sie im Zahlungsverkehr.

Im Laufe der Jahre wurde immer mehr ein elektronisches Zahlungsmittel (ePay) eingeführt. Jeder Geldtransfer läuft über eine staatliche Zahlungs-Institution, die je nach Kontoart einen festgelegten Prozentsatz des Betrages einbehält und an den Staat abführt. Dies ist eine neue Art der unkomplizierten Steuerabgabe. Es existieren vier Kontoklassen mit null, zehn, 25 oder 35 Prozent Abzüge des Fiskus. Der Überweisende ist verpflichtet auf das jeweils richtige Konto zu überweisen. Finanzbeamte werden entlastet und dann wegen Reduzierung der fiskalischen Administration entlassen, Die Konsequenz dieses Systems: es entstand mehr Transparenz, alles wurde nachvollziehbar und gläsern.

2049 Den Fiskus, und die Steuererklärungen gibt es nicht
mehr, x-Prozent von jedem Geldtransfer wurden für den Staat
einbehalten, zum Beispiel null Prozent für Privates, zehn für
die Rente, 25 für jeden Kauf und 35 Prozent für die
Entlohnung. Der Beruf des Steuerberaters und
Wirtschaftsprüfers wurde in dieser Weise nicht mehr
benötigt. Die fiskalischen Abläufe wurden vereinfacht und
Beamte freigesetzt.

2050 entstehen der Zeit angepasst neue Geschäftsfelder,
der Arbeitsmarkt beruhigt sich etwas.

2051 wird ein verstärkter Zuzug aus Afrika und aus
islamischen Ländern registriert. Das Empfinden der sozialen
Ungerechtigkeiten stieg enorm. Grund war, dass soziale
Gelder für Zugereiste und unproduktive Menschen bezahlt
werden, unqualifizierte Menschen ersetzen qualifizierte, weil
dadurch Kosten gespart werden, die Qualität sinkt.

Die Anteile an Unternehmen existierten weiter in
Aktienform. Gewinne und Verluste wurden dem Anteilseigner
direkt vergütet oder belastet. Gewinne wurden auf eine
entsprechende Kontoart des Aktionärs transferiert. Die
Transparenz stieg und „Geldtransaktionen" wurden binnen
Sekunden durchgeführt.

Die Arbeitswelt hatte sich im Vergleich zu 2015 wesentlich
geändert. Anstellungsverträge hat man nur noch sehr
kurzfristig abgeschlossen. Dienstreisen wurden durch Online-
Sitzungen ersetzt und es entsteht immer mehr Home-Office.
Die Entlohnung wurde in zehn Gruppen unterteilt. Gruppe
eins sind die, die am geringsten verdienten und zehn die am
höchsten entlohnt wurden. Wechsel innerhalb der Gruppe
nach oben oder unten sind aufgrund von konjunkturellen
Situationen und Leistungsfähigkeit der Mitarbeiter möglich

gewesen. Die Nachfrage nach Büroimmobilien ließ nach, die Anzahl der Mitarbeiter in Lohn- und Gehaltsabteilungen wurden drastisch reduziert. So konnte auch eine Reduzierung der personellen Administration beim Fiskus, Staat und Unternehmen festgestellt werden. Es rollte wegen anderen Arbeitsmethoden eine Welle der Freisetzungen von Arbeitnehmern an. Reisemittel und Menschentransfer gehen zurück.

2064 wurden Demonstrationen und Revolten wegen Wirtschaft und Religion verzeichnet, der Islam übernimmt Schaltstellen in der Wirtschaft. Es folgte eine gestiegene Unproduktivität, Produktionsaussetzer und Leistungsminderung. Die Bedeutung der Leistungsträger in der Wirtschaft wurde wegen islamischem Führungsstil reduziert.

Ein Bürgerkrieg der EU-Staaten wurde wegen der wirtschaftlichen Situation und der Religionsausübung entfacht. Die wirtschaftliche Leistungsfähigkeit kommt fast völlig zum Erliegen.

2071 erfolgte eine weitere Veränderung der Arbeitswelt (Neuanfang) mit Normalisierung der wirtschaftlichen Aktivitäten. Das Ergebnis war eine leichte Erholung der Wirtschaft, die Grundversorgung war weitestgehend gesichert.

2076 wurden demokratische Wahlen durch manipulierbare Online-Abstimmungen ersetzt, das Volk stimmte ab. Der vorwiegend islamische Einwanderer aus Afrika und dem Nahen Osten, der kein Deutsch sprach, hatte ebenso eine Stimme wie der Nachkomme eines Alteuropäers. Es wurde das gewählt, was dem Wähler die größten Vorteile bringt, ohne Betrachtung der Gesamtwirtschaftslage, das Volk wählt sein eigenes Schicksal.

2083 Kometeneinschlag in der Hudson Bay in Nordamerika. Deswegen totaler Zerfall der Volkswirtschaften am Rande des Atlantiks bis tief ins Inland, 20 Prozent der Menschen werden getötet. Navigationsgeräte und Versorgung sind sehr eingeschränkt, es wurde Hilfe aus Asien geleistet.

2089 entwickeln sich Versuche des wirtschaftlichen Aufbaus, der Islam versuchte sich wieder als treibende Kraft. Dies war ein schwerer Anlauf, da zu wenig wirtschaftliche Erfahrung und keine Differenzierung zwischen Staat und Religion vorhanden sind.

2095 wurde das ehemalige Europa durch den Islam sehr geschwächt, seine einzige Stärke ist versunken, der Islam führt die Wirtschaft. Das Christentum schwächte sich ab, Glaube, Staat und Wirtschaft gehören beim Islam zusammen, dadurch entstand ein Bremsen des Fortkommens.

2102 kehrte Nordamerika langsam zur alten Wirtschaftskraft zurück, die USA nahmen neben China und Indien eine Vorreiterrolle auf der Erde ein.

2115 entwickelte sich Asien zu einer prosperierenden Volkswirtschaft, dadurch entstand eine Stärkung des asiatischen Binnenmarktes mit immer stärker werdendem Export.

Die Neigung, wenn die Möglichkeit sich bietet, Korruption zu betreiben, hat sich in den vielen Jahren nicht verändert: Die Staatengemeinschaften versuchten dies ohne durchgreifenden Erfolg zu verhindern.

2130 schlossen sich Länder und Bevölkerungsgruppen zusammen. Zwangszusammenschlüsse brachten Konflikte. Da aber immer noch Folgen des Kometeneinschlages zu spüren waren fielen Zusammenschlüsse leichter, man versucht an einem Strang zu zeihen.

2138 wächst die Erde bis, auf kleine Ländern, quasi zu einem Land mit einer Regierung und einem Wirtschaftsgefüge zusammen. Wegen der Vielschichtigkeit und Komplexibilität war die Wirtschaftspolitik fast nicht in den Griff zu bekommen. Teilstaaten waren fast nicht regierbar. Entscheidungen dauerten viel zu lange, Überbürokratisierung und starke Neigung zu einer unproduktiven Planwirtschaft mit kommunistischen Zügen war die Folge.

2142 setzte sich die Planwirtschaft wegen der hohen Komplexibilität nicht durch. So entstanden hohe Reibungsverluste und Reduzierung der Eigeninitiativen.

Die Produktivität der Teil-Volkswirtschaften unterlag wegen unterschiedlicher politischer, religiöser, fiskalischer und wirtschaftlicher Einflüsse einem ständigen auf und ab: In 2149 ist die Gesamtproduktivität aller Volkswirtschaften im ehemaligen Euroraum etwa 40 Prozent geringer als 2015.

2149 die eingeführte Planwirtschaft zeigt sich als unproduktiv, Menschen werden im Durchschnitt über 100 Jahre alt, können aber nur produktiv bis etwa 70 Jahre arbeiten. Der Lebensstandard aller Bürger im ehemaligen Europa stieg nur sehr langsam und hat bei Weitem nicht den Stand von 2015 erreicht, etwa 60 Prozent davon. Der Islam ist vorherrschende Macht in Religion, Wirtschaft und Staatsführung.

Politik, Regierung, Demokratie

Im Betrachtungszeitraum wurden zu unterschiedlichen
Zeiten unterschiedliche Staatsformen gelebt. Es hat sich
gezeigt, dass in einem zivilisierten, gebildeten und
teambezogenen Volk die Demokratie die beste und
friedlichste Form des Zusammenlebens ist. Europa und
insbesondere das ehemalige Deutschland wurden durch
extrem hohe Einwanderung stark verwässert. Alles was
ursprünglich und fleißig erarbeitete worden war, verlor an
Bedeutung und verschwand später. Dies brachte sehr viele
Unruhen bis zu Bürgerkriegen in die Bevölkerung. Das
Ursprüngliche und das Erarbeitete waren verloren. Das
Aufrechterhalten der demokratischen Ideen brachte keinerlei
Friede und Ruhe. Die staatlichen Organe mussten härter und
schneller durchgreifen, bis hin zu einem totalitären Charakter,
ähnlich wie 2015 in diktatorischen und unterentwickelten
Staaten. Demokratie schien nicht die Lösung für alle Staaten
und Bevölkerungsgruppen zu sein. Wer es nicht gewohnt war,
die moralisch und ethisch saubere Meinung anderer zu
akzeptieren, konnte mit Demokratie nichts anfangen.

Bezogen auf Deutschland hat man zu lange auf dem
Grundgesetz beharrt. Die gesamte Entwicklung von Volk,
Technik und Politik wurde immer rasanter. Hier hätte man
früher die Rechtsprechung anpassen müssen. Es wurde auch
zu viel Verständnis für Neubürger aufgebracht, die teilweise
mit Faustrecht ihren Anteil am Kuchen sichern wollten.

In schwierigen Verhandlungen ist es oft dem Ziel
zuträglich, einen Schritt zur Seite oder nach hinten zu gehen
ohne das angestrebte Ergebnis aus den Augen zu verlieren.
Deutschland hat den Begriff der Freiheit zu lange als
Konstante behandelt und sogar noch in wohlgemeinter
Toleranz überdehnt. Dies wurde insbesondere von

chaotischen und anarchistischen Randgruppen sowie von vielen Zugereisten falsch verstanden. Deutschland hat sich im Ausland so dargestellt, als wenn hier automatisch Milch und Honig läuft und die Trauben in den Mund fallen. Vor diesem Hintergrund konnte man einem großen Teil der Asylanten Verständnis entgegen bringen, wenn die Sache nicht so ernst wäre. Von den genannten Gruppen wurde nicht verstanden, dass vor der Ernte das Aussäen und die Bearbeitung des Bodens erforderlich sind. Leider glaubten diese Problemfälle, es stehe ihnen etwas zu, ohne dafür etwas tun zu müssen. Fleiß und mehr Wohlstand wurden mit Angriff und Neid beantwortet.

So hat es sich auch als fataler Fehler gezeigt, dass insbesondere das damalige Deutschland den fast eingeladenen Asylanten nicht klar gemacht hat, dass sie etwas tun müssen, also arbeiten, um etwas zu bekommen. Deutschland war ein Schenker-Staat, es war wie der Weihnachtsmann, den es bekanntlich nicht gibt. Wenn sich jemand, und dies geht sehr schnell, an Geschenke gewöhnt, wird er fordern und mehr fordern. Das Multikulti im ehemaligen Deutschland ist gescheitert, ein hausgemachtes Problem, unfair den folgenden Generationen gegenüber. Was hat sich damals die Politik nur dabei gedacht? Ein Grund ist die mangelnde Zivilcourage. Wenn ein Politiker damals gegen den Strom geschwommen ist, auch, wenn er sachlich und intelligent argumentierte, so wurde er von der Masse zerrissen, und die Masse waren die Medien, das Volk und die Politik. Darum versuchte die Politik eine Stellung zu beziehen, die der Massenmeinung schmeichelte, soweit dies möglich war.

Eine gute soziale Grundlage der Alteuropäer war das Vertrauen zu anderen Menschen, zu Entwicklungen und zu Entscheidungen. Das Einwandern nach Deutschland ging mit vielen Lügen von Seiten der Einwanderer einher. Es wurde bezüglich Ausbildung und Herkunft gelogen um sich im Aufnahmeland besser zu stellen. Das ist menschlich, aber unfair Europa gegenüber. Man hat dies alles gewähren lassen, es zeigte sich fast wie ein nicht steuerbarer Selbstläufer. Vertrauen war im alten Europa mit ein Faktor, der für Wohlstand sorgte. Man kann sich nicht bei jedem kleinen Sachverhalt rückversichern, ich muss einer Zusage vertrauen können. Natürlich war dies nicht immer so, es geht hier um den dichtesten Wert.

Wie schon erwähnt, haben sich durch die jahrzehntelange Invasion nach Europa schlechtere Sozialmoral, schlechtere Arbeitsmoral und schlechtere Umgangsformen eingebürgert. Diese Verrohung, die sich als ein deutlicher volkswirtschaftlicher und menschlicher Rückschritt erwies, wirkte wie das Bewegen eines Autos mit ständig angezogener Handbremse. Soziale Triebe wie Neid, Machtsucht und Gier ließen kein fortschrittliches Arbeiten zu. Junge Deutsche haben sich, weil sie es als Mode empfangen, der Mentalität der Zugreisten angepasst.

Ähnlich verhielt es sich mit dem Übernehmen von Verantwortung. Individuelle und intelligente Verantwortung musste zugunsten emotionaler Massenmeinungen weichen. Auch hier konnte von Ausbremsen gesprochen werden.

In den Folgejahren 2015 wurde der Begriff Globalisierung immer öfter in den Medien besprochen. Die Menschen waren fast wie berauscht und steigerten die Globalisierung fast bis zur Grenzenlosigkeit. Innerhalb von zehn Jahren wurden diese beiden Begriffe als ein unbedingt zu erreichendes Ziel angebetet. Wie schon erwähnt, seit Fauna und auch Flora auf diesem Erdball entstanden, gibt es Reviere. Wir reden auch von Rudel- oder Schwarmtieren, die im Verbund Grenzen setzen. Ich möchte keinem Löwen oder Tiger begegnen, der sein Revier klar markiert hat. Das ist nichts weiter als Millionen Jahre alte Natur, versus zehn Jahre der Religion, der Globalisierung und der Grenzenlosigkeit. Die Grundidee ist gut, braucht aber viele Generationen um sie zu realisieren und das geht nicht im Hau-Ruck-Verfahren. Die Probleme waren damals programmiert. Die EU wurde gegründet, ohne Grenzen und Kontrollen. Damals hätte man vermuten können, hier wollen Politiker europäische Länder destabilisieren. Europa wurde im Laufe der Zeitbetrachtung destabilisiert.

Oft bedarf es nur eines Tropfens, um einen Eimer zum Überlaufen zu bringen. So bedarf es nur einer kleinen emotional geladenen Situation, um ein Scharmützel oder einen Krieg zu provozieren. So geschah es einige Male in unserer Zeitbetrachtung. Einmal waren es Gruppen unterschiedlicher politischer Einstellung, dann waren es extreme Chaoten oder einfach hirnlose Randalierer oder Menschen mit anderer moralischer Herkunft. Der Staat wurde diesen Ausschreitungen immer weniger Herr, da auch der Staat selbst von eben diesen Menschen, infiltriert war. Der ursprüngliche Gedanke, die Menschheit oder einen Teil der Menschheit mit Toleranz zu befrieden ist bitter gescheitert. Der Mensch verträgt eben nur ein gewisses Maß an Freiheit. Ein wiederholter Versuch um 2030 die Kinder autoritärlos zu erziehen wurde auch als gescheitert verworfen. Diese Kinder waren es nicht gewöhnt sich in einem Sturm zu bewegen, sie scheiterten teilweise am Gegenwind der ihnen entgegen gebracht wurde.

Sinnvoll erarbeitete soziale und technische Standards wurden teilweise nicht mehr eingehalten oder verworfen. Dies führte zum Qualitätsrückgang, nicht nur in der Fertigung, sondern auch im Umgang mit Menschen. Es ist kein

Weicheigetue, wenn man sich überzeugt der Worte „danke"
und „Bitte" bedient. Dies ist ein Standard der unser
Gegenüber zu einer wohlmeinenden Einstellung führt.
„Schraubendreher" ist ein Wort, aber keine Aufforderung ihn
mir zu geben. „Gibst Du mir bitte den Schraubendreher",
kommt allemal besser an. Die erste Aufforderung wurde zum
Standard in unserem Betrachtungszeitraum. Standards sind
Regeln. Sie sind aufgrund von Erfahrung entwickelt worden.
Wird die Verkehrsregel „rechts vor links" im Autoverkehr
ignoriert, dann kracht es.

Ganz entscheidend zur Steigerung der Bevölkerungsanzahl
hat der Familiennachzug aus Afrika beigetragen. Wenn ein
Afrikaner zunächst alleine gekommen ist und in Europa die
Lage eruiert hat, dann sind Frau und vier Kinder
nachgekommen. Dies hat man wegen invasionsähnlichen
Zuständen im alten Europa versucht, durch zu spät errichtete
Grenzen zu verhindert. Die Massen überrannten die Grenzen,
durchaus mit Verlusten. Bei der Gründung der EU hat man
vergessen, dass es Grenzen gibt. Als die EU existierte hat man
das grenzenlose Europa sich selbstregulierend überlassen, um
dann Jahre später wieder Grenzen einzuführen, ohne Erfolg.

Die EU, wie sie einmal gegründet wurde, existierte nicht
mehr. Durch die Invasionen und die sehr unterschiedliche
selbstbestimmende Verteilung der Menschen wurden die EU-
Staaten immer skeptischer untereinander. Dies und die
Bürgerkriege führten dann dazu, dass der Staatenbund EU
zerfiel. Anstelle dessen bildeten sich eigenständige Regionen
mit mehr oder weniger autonomer Politik. Einige Regionen
nahmen den Charakter von Schurkenstaaten an, für eine
Bestrafung genügten oft nur andere politische Ansichten oder
Verunglimpfungen.

Am Ende unseres Betrachtungszeitraumes gab es kein privates Vermögen mehr, so wie wir es kennen. Anstelle dessen wurden nach einer Art Punktesystem Rechte erworben „Eigentum" zu nutzen.

Da die Politik nicht wie 2015 bis auf Randparteien im Wesentlichen heterogen war, setzen sich die Politiker aus Menschen unterschiedlichster Herkunft zusammen. Das machte das politische Führen extrem schwierig. Nicht nur Worte, wie 2015, sondern auch Fäuste galten als Argumente. Die Politik verwaltete das Vermögen anderer Menschen, nicht ohne eigene Absichten. Lügen und falsche Darstellungen trugen dazu bei, dass sich ein erheblicher Teil der Politiker selbst bereicherte, nicht in Form von Geld oder anderem Vermögen. Es wurden Enklaven geschaffen mit höchstem Luxus, für die besagten Politiker. Kein normaler Bürger hatte dahin Zugang.

Heute würde man es als Rassismus oder Ausländerfeindlichkeit bezeichnen. Da aber für einige weitblickende und individuell denkende Menschen die zukünftigen Ereignisse zu erahnen waren, war es Weitblick mit Warnung und nicht Rassismus oder Fremdenfeindlichkeit. Dies wurde auch 2015 nicht genügend unterschieden. Man ergötzt sich an der Droge des Gutmenschentums. Dies ist genauso falsch wie der echte Rassismus.

Diskussionen und Debatten mit ehrlicher Meinung wurden sehr wenig geführt. Die Bevölkerung war von Spitzeln unterwandert, deren Identität unbekannt war. Politisch nicht gewollte Äußerungen wurden genauso gehandhabt wie damals in der DDR. Ein freies Handeln und Äußern war nur mit negativen Konsequenzen möglich.

Dem Volk wurden regelrecht Meinungen aufgedrückt.
Heute gilt auch: Betet man dem Menschen dreimal etwas vor,
so nimmt er es als seine Meinung an. Wie schon erwähnt: Das
Denken wurde der Masse überlassen. Individuelles Denken
war nicht gewünscht.

Von rechtsfreien Räumen bis zu strukturierten Regionen
reichte das politische Spektrum im Betrachtungszeitraum. Es
gab keine Parteien mehr, so wie wir es kennen, sondern
Interessengruppen. Diese rekrutierten sich durch Einfluss und
Macht. Wahlen waren nur dazu da, um das Volk zu beruhigen,
Auswirkungen hatten sie nicht. Diese politischen Formen
hatten von allen 2015 bekannten Staatsformen etwas, und
dennoch waren sie völlig neu, in vielen Teilen gepaart mit
Chaos.

In den unterschiedlichen Regionen haben sich
unterschiedliche soziale, politische und wirtschaftliche
Strukturen gebildet. Das Untereinander oder das
Zusammenarbeiten reichte von gut bis unmöglich. So wurde
auch in einigen Regionen, meist mit schwierigen
Gruppierungen, Eigentum reglementiert. Dadurch war der
Anreiz zu Leistung und Wohlstand ausgebremst. Es war
teilweise ein Teufelskreis aus dem man nicht mehr
herauskam. Diese Gruppierungen und Regionen blieben auf
diesem Niveau und schielten immer zu den Nachbarregionen
mit mehr Wohlstand. Die Gier nach Mehr brachten
bürgerkriegsähnliche Zustände. Politisch wie menschlich war
dies eine extrem schwierige Lage, die nur in den seltensten
Fällen zur Befriedung geführt hat. Sehr traurige Zustände,
vergleicht man dies mit den Zeiten um 2015.

Ein Rentensystem, so wie wir es kennen, gab es in dieser
Form nicht mehr. Man versuchte in den zivilisierteren
Regionen ein Kontensystem für jeden Bürger ab der Geburt

einzurichten. Diesen Konten wurden eine Art Rentenpunkte zugeschrieben, abhängig von Ausbildungs- und Berufszeit. Ausbildung und Beruf wurden in je zehn Leistungskategorien unterteilt und dementsprechend Punkte zugeordnet. So entsprach, auf heute übertragen, eine Ausbildung zur Reinigungsfachkraft einem Punkt und der promovierte Ingenieur erhilt acht Punkte auf dem „Rentenkonto" gutgeschrieben, und dies innerhalb einer festgelegten Zeiteinheit.

Ähnlich verhielt es sich im Berufsleben. Ein großes Problem war der Zuzug von Menschen, die keine Punkte auf dem „Rentenkonto" sammeln konnten. Es wurden Stimmen laut wie: „Wir sind fleißig und arbeiten und die kommen hierher und bekommen alles geschenkt." Dies war in der Tat eine soziale Ungerechtigkeit. Die Zugezogenen bekamen auch ein Konto dieser Art, sammelten aber viel später und weniger Punkte. Das Ergebnis war im Alter ein extremer Wohlstandsunterschied. Dies wiederum führte zu deutlichen sozialen Unruhen. Da die Menschen durch die medizinischen Fortschritte immer älter wurden, musste man den Renteneintritt immer höher schrauben. Der Mensch hat aber im Alter relativ an Leistungsfähigkeit verloren, so dass er im höheren Berufsalter weniger Punkte sammeln konnte. Der Aufwand für die medizinische Versorgung stieg eklatant an. All dies musste finanziert werden, was sich als Monsteraufgabe für die Politik darstellte.

Die, ich nenne es Regierungen in den jeweiligen Regionen, zeigten sich so unterschiedlich wie 2015 Deutschland zu Somalia. Die verbliebenen intellektuellen Individualisten, die sich nicht von der Masse haben beeinflussen lassen, führten den Rückgang der sozialen Qualität auf den ungehinderten Zuzug aus Afrika zurück, weil die EU nach der Gründung nicht verstanden hat, Reviere, seit es Fauna und Flora auf diesem

Erdball gibt, als Naturgesetz anzusehen. Grenzen sind Reviere und dienen dem Schutz. Wenn jemand, Mensch oder Tier, das Revier wechseln möchte, so wird von dem Platzhirsch bestimmt wer hinein darf und wer nicht. Man baut ja auch Schutzdämme vor Fluten an der Küste.

Diese Denkweise hat nichts mit Unmenschlichkeit zu tun, unmenschlich wird es, wenn Menschen fast anarchisch Grenzen überschreiten. Kurzfristig entsteht die menschliche Regung des Mitgefühls und des Mitleides. Langfristig ist Mitleid nicht mehr sinnvoll, verstandesgeleitete Strategie ist dann angesagt. Mittel- und langfristig können die beschriebenen Situationen entstehen, die nicht mehr rückgängig zu machen sind. Im beschriebenen Zeitraum war keine Regierung mehr imstande diese Fluten an Zuwanderung zu stoppen, geschweige denn zu reduzieren. Wer den Damm offen lässt, muss damit rechnen, dass die Sturmflut die Häuser hinter dem Damm wegspült. Der Kluge repariert den Damm und prüft ihn nach Schwachstellen. Auf die Glaubhaftigkeit der Zugereisten wurde bereits hingewiesen, auf die Naivität der Aufnehmenden auch.

In einigen Regionen mit verbliebenem Sinn für die Bevölkerung waren wegen der finanziellen (Punkte dienten der Finanzierung) Lage die Grundnahrungsmittel kostenlos erhältlich. Dies verhinderte tiefgreifende soziale Auseinandersetzungen. In Afrika hat sich die Anzahl der Bevölkerung, wie bereits erwähnt, vervielfacht. Sterbefälle von Hunger waren dort an der Tagesordnung.

Die Institutionen der Familie und der Ehe haben sich in einigen Regionen grundlegend verändert. Kinder wurden dort rein synthetisch gezeugt. Dafür gab es Eier- und Samenbanken. Jede Frau und jeder Mann bekam auf seinem „Rentenkonto" Punkte gutgeschrieben, wenn Ei und Samen gespendet wurden. Dies wurde in 50 Prozent der Regionen ähnlich gehandhabt. Der eigentliche „Zeugungsvorgang" erfolgte synthetisch und anonym, im „Reagenzglas". Eine Zuordnung zu Vater und Mutter war nicht mehr möglich. Der Staat übernahm das Heranziehen der Kinder und hatte somit maximalen Einfluss auf die Entwicklung. Eine Form von Ehe war was die Fortpflanzung betrifft nicht mehr erforderlich, obwohl immer noch die Zuneigung von Mann und Frau bestand. Jeder Mensch hatte die Wahl wen er als temporären Lebenspartner wählte. Diese Toleranz reichte, nach heutiger Sicht, bis zur Perversion einer Lebensgemeinschaft von Mensch und Tier, hervorgebracht durch den Islam. Von der Wissenschaft wurden nach vielen Jahren des Testes die medizinische Möglichkeit geschaffen die Geschlechter, also Mann und Frau, anzugleichen. Eine Schnecke hat zwei Geschlechter, dies war das wissenschaftliche und politische Ziel.

Die uns bekannten Feiertage, insbesondere die christlichen, wurden in den meisten Regionen abgeschafft. Anstelle dieser Feiertag traten islamische Tage der Besinnung, weil der muslimische Bevölkerungsanteil über 50 Prozent betrug.

Wenn man 2015, insbesondere in Deutschland, feststellen kann, dass die Bevölkerung zufrieden mit ihrem Leben ist und keinerlei existenzielle Probleme zu befürchten hat, dann stellt sich dies am Ende unseres Betrachtungszeitraumes völlig anders dar. Unzufriedenheit war durchgängig bei allen Bevölkerungsschichten festzustellen. Dies hatte auf den Konsum von Drogen und Alkohol große Auswirkung. Wenn 2015 der Durchschnittsdeutsche eine Einheit Drogen oder Alkohol pro Tag zu sich genommen hat, so waren es am Ende des Betrachtungszeitraumes zehn Einheiten. Eine fatale

Situation, die auch die Produktivität stark beeinflusst hat. Aus Unzufriedenheit entsteht keine nachhaltige Produktivität.

So wie wir es kennen, stellten Die, Polizei und Gerichte eine Einheit dar. Die Strafgesetze wurden deutlich zu 2015 gekürzt und die Verfahren bis zur Verurteilung zeitlich reduziert. Der Kriminelle wurde nach seiner Tat relativ schnell verurteilt damit der Bezug von Tat zum Knastaufenthalt klar wurde. Dies wünschte man sich auch 2015. Aber in unserem Betrachtungszeitraum war keine Zeit mehr für das gründliche Aufklären der Tat. Juristische Ungerechtigkeiten waren normal und sorgten immer wieder für Revolten.

Auf die Beeinflussung der Massen wurde bereits hingewiesen. Diese begann schon bei der Geburt. Staatliche Einrichtungen haben sich um das Heranwachsen der Kinder und später Jugendlichen gekümmert, mit mehr oder weniger sozial positivem Erfolg. Die Politik nahm in den meisten Regionen sehr großen Einfluss auf die Erziehung junger Menschen. Das wiederum machte es der Politik leichter, Ideen und Entscheidungen durchzusetzen.

Nach 2015 hat man versucht, der afrikanischen Bevölkerung mit Geld und Unterstützung in Medizin und Technik zu helfen. Es hat sich herausgestellt, dass diese Hilfen menschlich gut gemeint waren, aber nur kurzfristig heilen konnten. Den Menschen wurde nicht genügend klar gemacht, dass die beste Hilfe, die Hilfe zur Selbsthilfe ist, Geschenke nimmt man gerne. Es wurde auch versäumt, das Bevölkerungswachstum einzudämmen. Man gab immer mehr und Afrika vermehrte sich. Mittel- und langfristig war dies eine Katastrophe.

Schulden konnten in einigen Regionen in unserem heutigen Sinne nicht mehr gemacht werden. Aber wer sich etwas gönnen wollte, konnte sich negative Punkte auf dem Lebenskonto (eine weitere Form neben dem „Rentenkonto") eintragen lassen. Von diesem Lebenskonto, auf das die Vergütung für Arbeit in Form von Punkten gut geschrieben wurden, konnte frei verfügt werden in Form von Abgängen und Zugängen.

In der Mitte unseres Betrachtungszeitraumes haben einige Regionen hoch abgesicherte Grenzen, für das eigene Überleben eingerichtet. Wer Zugang zu dieser Region haben wollte, musste nachweisbare Identitäten vorweisen, Toleranz gab es dabei nicht mehr. Die Einreiserichtlinien waren mit die härtesten Gesetze einiger Regionen. Regionen, die nicht so gehandelt haben, wurden von afrikanischen Einwanderern überrollt und es funktionierte nichts mehr. Mord und Totschlag waren die Folgen. Wer Hunger hat, überschreitet die moralischen Grenzen.

Man könnte die Regionen auch als eine Art von Ghettos bezeichnen, die sich politisch, moralisch und wirtschaftlich stark unterschieden. Die Regionen mit der höchsten Moral hatten den größten Wohlstand, soweit man dies mit Sicht aus 2015 so sehen kann.

Es gab immer noch Menschen, die der Realität ihrer Situation nicht zugetan waren. Dies waren Menschen, die es gut meinten und immer noch glaubten, dass alles gut sei. Diese Charaktere blendeten negative Fakten und menschliche Eigenarten einfach aus. Dies zeigte keinen besonderen Mut, sich dem Leben zu stellen. Auch diese Ausblender hatten ein politisches Gewicht und Bedeutung. Auch wenn diese Gutmenschen für sich in ihren Vorstellungen und Phantasien eine Art Wohlgefühl verschafften, so war es der

Gesamtsituation nicht zuträglich. Politische und auch vernünftige Entscheidungen wurden dadurch erschwert. Der Mensch ist nicht gut und der Mensch ist nicht schlecht, er ist beides in unterschiedlicher Ausprägung. 2015 und in unserem Betrachtungszeitraum sei den Gutmenschen vor Augen gehalten, es gibt Gerichte, die über das Schlechte richten, es gibt an Flughäfen Intensivkontrollen, um das Böse fernzuhalten und es gibt Grenzen um den Einlass des Schlechten fernzuhalten.

Wenn man unser Freiheitsgefühl in 2015 zugrunde legt, so hatte dies am Ende unserer Betrachtung keinerlei Bedeutung mehr. Die Meinung des Volkes wurde gemacht, das Denken der Masse überlassen. Der Bewegungsspielraum wurde unbemerkt und langsam verkleinert. Eigenverantwortung war kein praktiziertes Thema mehr. Auch dies sind Gründe für sinkende Produktivität, Produktivität trägt zum Wohlstand bei.

Die Art der Verurteilungen wurde schon angesprochen. Ein großer Teil des Strafmaßes aber richtete sich nach dem angesammelten „Lebenspunktesystem". Das Urteil bestand aus einem Prozentsatz, zum Beispiel fünf Prozent. Dies bedeutete in der damaligen Praxis, dass dem Verurteilten fünf Prozent seiner Punkte entzogen wurde. Bei Verbrechen, die den Aufenthalt in einer staatlichen Förderstation (Knast) nach sich zogen, wurden zusätzlich Punkte abgezogen. Diese Punkte entsprachen dem Aufwand für den Aufenthalt in Haftanstalten. Der Verurteilte wurde somit an den Kosten der Haft beteiligt.

Der Versuch Deutschland und die EU auf neue Beine zu stellen, misslang. Der Ansturm so vieler Menschen und der dominierende Einfluss des Islam hat neue Strukturen gefunden, die mit dem „Alten" wenig zu tun hatten. In wenigen Jahrzehnten entwickelte sich aus einem Land mit Wohlstand und ausgewogenen sozialen Strukturen eine Mischung aus Chaos, staatlicher Religion und noch etwas verbleibender Leistungsfähigkeit.

Einige Regionen gaben dem Bürger, je nach Stand, ein Stimmengewicht von eins bis fünf, andere teilten die Wählerschaft in drei Klassen ein. Ehrliche Wahlen, gab es nicht. Es wurde manipuliert, ohne dass der Wähler nur die geringste Chance auf Wahrheit hatte. Fehlinformationen und Falschmeldungen waren an der Tagesordnung, immer mit dem Ziel, das Volk bei Laune zu halten.

In unserem Sinne wurden Politik, Polizei und Gerichte als feste Institutionen gesehen, obwohl dem Volke klar war, dass viele Urteile, bedingt durch die schnelle Urteilsfindung, als suspekt einzustufen waren. Proteste und Demonstrationen wurden deswegen unterwandert und auch unterbunden.

In den meisten Regionen hatte jeder Mensch das Recht auf kostenlose Grundnahrungsmittel. Dennoch konnte man auch hier von Armut sprechen. Arm waren die, die ihre Punkte in den unterschiedlichsten Systemen, nicht oder nur gering anhäufen konnten. Hierzu gehörten zugereiste Afrikaner, die so gesehen keine Chance hatten, sich voll zu integrieren. Die Krisenländer ließen ihr Volk auswandern ohne entschieden dagegen etwas zu tun. Diese Länder verbluteten, die Situationen wurden immer schlimmer.

Insgesamt war das Niveau vertrauensbildeten Maßnahmen sehr, gering. Die Kontrollmechanismen waren einfach zu hoch um freiheitlich und in Vertrauen miteinander zu leben. In einigen Bereichen ging dies so weit, dass Menschen Mitbürger bespitzelt haben.

Der Fiskus wurde administrativ stark vereinfacht und Zölle wurden wieder eingeführt. Wer bei der staatlichen Finanzbehörde eingespart wurde, konnte beim Zoll eine neue Funktion finden. Zölle wurden teilweise nicht nach klaren Regeln erhoben, sondern situations- und gegenstandsabhängig, heute so und morgen so. Dies sorgte im Grenzverkehr der Güter für hohe Unsicherheit, Preise waren nicht mehr seriös zu kalkulieren.

Presse, Medien und Journalismus bekamen eine völlig andere Bedeutung. 50 Prozent wurden davon vom Staat, sprich von den politischen Interessen gesteuert. Meldungen, die das Staatsbewusstsein störten, wurden zensiert und der Autor zur Rechenschaft gezogen, manche auch verurteilt.

In der Arbeitswelt gab es Gewerkschaften, aber nicht so wie wir es kennen. Eine Art Ministerium für Arbeit war für die gesamte Arbeitswelt verantwortlich. Sie organisierten, aber nur zur Beruhigung der arbeitenden Bevölkerung, gesteuerte Demonstrationen. Das Alles zeigte die Eigenschaften einer Planwirtschaft.

Menschen hatten die Möglichkeit sich in Gruppen,die Vereinen ähnelten, zu organisieren. Der Vereinsvorsitz wurde immer von einem Staatsbeamten gestellt. Auch hier war freiheitliches Denken und Äußern nicht so einfach möglich. Der Mensch wurde gläsern und extrem kontrollierbar. Alle dies hatte frühkommunistische Züge.

Durch den Zuzug zeigte sich sehr schnell ein großes Problem, die sprachliche Verständigung. Deutsch, Italienisch oder Französisch wurden zwar noch gesprochen, aber dies in der Minderheit. Es haben sich arabische und türkische Sprachalternativen durchgesetzt. Man war sich bewusst, dass man sich einer gemeinsamen verständlichen Sprache bedienen muss, um die notwendige Kommunikation aufrechtzuerhalten. Im Laufe der Jahrzehnte bildete sich eine primitive Sprache mit Elementen aus englisch und arabisch aus. Schulisch wurde darauf keinen Wert gelegt, man sprach es, aber man wurde nicht auf Qualität geprüft.

Einige Regionen haben den Anspruch auf Arktis und Antarktis erhoben, aber ohne die genügenden technischen und wirtschaftlichen Voraussetzungen dafür zu haben. Die noch verbliebenen europäischen, besonders deutschen Ingenieure wurden von den meist arabisch dominierten Regionen anders behandelt als andere Arbeitnehmer. Man ging unfair mit ihnen umd,einige hatten den Status von Leibeigenen, nur um ein Niveau mit Druck an Fortschritt zu halten.

Leider haben Politik, Medien und eine selbstlaufende Massenmeinung dazu beigetragen, dass insbesondere zur Flüchtlingsfrage faktisch richtige, realistische und solide Meinungen weggewischt oder sogar angegriffen werden. Leider ist es so, dass Kritik über Ausländer, Flüchtlinge und Asylanten und deren Handhabung sofort in die rechte Ecke gestellt werden, sachliche Argumente finden keinen Zugang. Man wird sofort als Rassist und Nazi bezeichnet. Dies ist eine Beleidigung in höchster Form und hat nichts mehr mit demokratischer Meinungsbildung zu tun. Nochmal: Dem Menschen wird dreimal etwas vorgebetet, dann nimmt er es als seine Meinung an, gut sein ist das Primat.

Medizin und Pharma

Die digitale Medizin hat immer mehr an Bedeutung gewonnen. So war es ab etwa 2040 möglich eine technische

Grundausstattung für Zahnbehandlung und medizinischer Untersuchung und deren Behandlung privat anzuschaffen. Diese computergesteuerte Apparatur konnte autonom körperliche Probleme oder Gebrechen weitestgehend erkennen und reparieren. So war es beispielsweise möglich durch das Einschieben einer anatomisch geformten Apparatur in den Mundraum in kürzester Zeit Zahnbehandlungen, wie etwa kleine Plomben ersetzen, durchzuführen. Ebenso konnten die standardmäßigen Blut- und Kreislaufuntersuchungen automatisch vorgenommen werden. Wer es sich leisten konnte hat sich eine kleine Operationseinrichtung gegönnt. Hiermit konnten kleinere Eingriffe und auch Darm- und Prostatauntersuchungen vorgenommen werden. Bei komplizierten Heilungsmethoden wurde online der dafür spezialisierte Arzt eingeschaltet. Wenn dies nicht zur Heilung beigetragen hat, musste der Patient sich zum Arzt begeben. Bei einem Drittel der Fälle war dies so. Insgesamt führte dieser technisch-medizinische Fortschritt zum Rückgang des Ärztebestandes.

Eine Neuerung mit höchster politischer Bedeutung war das Chipen der Menschen. Jedes Neugeborene in den Regionen des ehemaligen Europa wurde mit drei Chips versehen. Je ein Chip hinter den Ohren mit Verbindung zum Ohr und ein Chip in der Nähe des Kehlkopfes. Zum einen war der Mensch dadurch eindeutig identifizierbar, Ausweise waren nicht mehr erforderlich, zum anderen war der Mensch überall auf dem Erdball lokalisierbar. Die Chips hinter den Ohren ersetzen, das was wir heute Handy nennen und auch Lautsprecher, man hörte über diese Chips. Der dritte Chip im Kehlkopf ersetzte unter anderem. ein Mikrophon. Alle drei Chips zusammen kommunizierten mit der Außenwelt und dienten dazu den menschlichen Körper ständig auf seinen allgemeinen Gesundheitszustand zu überprüfen.

Es waren beispielsweise keine Blutuntersuchungen mehr erforderlich, das übernahmen die Chips. Die Methoden sind für uns heute undenkbar, brachten aber auch für uns verständlich den Vorteil, dass kriminelle Energien rasch lokalisiert werden konnten. Ein Bewegungsbild diente der Beweisfindung. Passwörter oder Zugangscodes waren nicht mehr erforderlich, noch nicht mal der Finderabdruck, der aber immer noch in Zweifelsfällen genommen wurde.

Die gängige Praxis der Körperpflege durch Duschen oder Zähneputzen hat sich grundlegend verändert, ebenso das Kochen mit Wasser. Das zu Trinkwasser aufbereitete Grundwasser, war aufgrund chemischer und pharmazeutischer Rückstände nicht mehr verwertbar. Penicillin gab es nicht, denn es zeigt keine Wirkung mehr. Was übrig blieb ,war der enorme Aufwand mit der Klärung von Wasser unter weltraumähnlichen Bedingungen, ähnlich dem Destillieren. Das Duschen wurde durch Substanzen ersetzt, die auf die Haut oder die Zähne aufgetragen wurden, die Schweiß und Unreinheiten aufsaugten und dann sehr schnell trockneten und sich auch nicht durch nachfließenden Schweiß oder Speichel verflüssigten. Diese Substanz wurde dann abgebürstet. Lediglich zum Kochen und Trinken hat man das aufwendig aufbereitete Wasser eingesetzt. Wegen Wassermangel sind auf dem Erdball Kriege entstanden, die dem Sieger wenig genützt haben, wenn er die Technik der Aufbereitung nicht kannte.

Es wurde eine extrem teure Methode entwickelt, Menschen oder lebenden Organismus einzufrieren. Dies hat man gemacht, wenn man etwa als unheilbar und tödlich eingestuft wurde, in der Hoffnung in späteren Zeiten Hilfe zu erwarten. Dieses Verfahren wurde verfeinert und aus völlig anderen Gründen weiterentwickelt. Die Politik und die Staaten haben versucht, die schaffende Intelligenz, wie

Entwickler und Ingenieure zu konservieren. Hier aber in der Hoffnung, dass man bald eine Möglichkeit findet, Gehirne und ganze Nervensysteme zu implantieren.

Ein großes Problem war die Möglichkeit der Bewegung. Durch die extreme Überbevölkerung im ehemaligen Europa, insbesondere in Deutschland, mussten freie unbebaute Flächen für Wohnraum herhalten. Der Verkehr war so extrem, dass für all das, was wir als sportliche Ertüchtigung im Freien bezeichnen, keinerlei Spielraum mehr vorhanden war. Wer wollte, und dies wurde gefördert, konnte sich in der Mukibude fit halten. Olympia gab es nicht mehr.

Die synthetische Kinderzeugung wurde dem Staat überlassen. Hierbei wurde versucht, obwohl es eigentlich verpönt war, eine Art Elite zu schaffen. Leistungsfähige und intelligente Menschen wurden ausgesucht und von diesen Ei und Samen zusammen gebracht.

Die Regionen waren in Politik und sozialem Verhalten sehr unterschiedlich. Es konnte festgestellt werden, dass in den unterentwickelten, mit wenig Wohlstand gesegneten Bereichen, sehr oft Seuchen ausgebrochen sind. Dieser Zustand war bei den besser gestellten Gruppen hingegen nicht zu erkennen, sondern nur bei den weniger Bemittelten. Denn die Minderbemittelten haben sich diesen Raum mit Anarchie und Chaos selbst geschaffen und waren keinen vernünftigen Argumenten zugänglich, um zu einer bessereren Gesundheit oder zu Wohlstand zu gelangen.

Jeder Mensch war dazu verpflichtet seine Organe nach dem Tode zu spenden. Dies war im Vergleich zu 2015 ein durchaus fortschrittlicher Zug. Da dies so festgelegt wurde, war in der Handhabung der Organspende auch fast keinerlei Schindluder oder Korruption entstanden.

Der Industriezweig, der in all diesen vielen Jahrzehnte am meisten gewachsen ist, war die Pharmaindustrie. In allen Bereichen des Lebens wurden diese Produkte benötigt, nicht nur bei Krankheiten, sondern auch um die Leistungsfähigkeit zu erhalten. Dies war dann wiederum ein Eingriff in die Natur, der sich rächte. Leistungssteigernde Medikamente waren wie Doping. Ein beachtlicher Teil der Menschen war ab einem bestimmten Punkt nicht mehr in der Lage die geforderte Leistung zu erbringen. Bei anderen Menschen hat sich die Einnahme der Medikamente als leistungssteigernd ohne Ausfall gezeigt.

Justiz, Kriminalität und Waffen

Von 2015 bis zum Ende unseres Betrachtungszeitraumes hat sich im Prinzip nichts an der Waffenproduktion geändert. Die Technik hat sich von Explosion getriebenen Geschossen hin zu lautlosen Laser- und Magnetresonanz-Waffen entwickelt. Während man früher (2025) nur eine scharfe Waffe besitzen durfte, wenn man die Jägerprüfung bestanden hat oder längeres Mitglied in einem Schützenverein war, so durften nun alle, die keine Strafpunkte besaßen, eine Waffe nach ihrer Wahl kaufen. Dies machte mehr Probleme mit dem Einsatz der Waffen in den weniger wohlhabenden und wenig geordneten Regionen. Sicherlich wurden in Bürgerkriegen diese Waffen eingesetzt. Dies wäre aber auch mit illegalen Waffen geschehen, und diese standen zu Hauf zur Verfügung. Warum diese Zubilligung legal gehandhabt wurde ist für uns in unserer Zeit nicht nachvollziehbar. Die gesamte kriminelle Energie ist im Vergleich zu 2015 um ein Vielfaches gestiegen. Dies mag auch den Wunsch nach eigenen Waffen geschürt haben.

Alle Schutzmechanismen für Haus, Beförderung und freie Bewegung waren extrem hoch. Fast alle trugen in diesen

Zeiten eine Schusswaffe oder zumindest ein KO-Spray mit sich, und das auch deutlich sichtbar – wilder Westen. Die kriminellen Figuren waren zu Hauf auf dem Vormarsch. Es wurden Wertgegenstände gestohlen. Da aber das private Eigentum relativ gering war, hat der Kriminelle Punkte für Rente und Lebenshaltung erpresst, denn diese waren frei übertragbar.

Ein verurteilter Täter wurde in verschiedener Hinsicht bestraft. Zum einen bekam er Strafpunkte (ähnlich wie die uns bekannten in Flensburg), die aber nicht nach einiger Zeit automatisch gelöscht wurden, zum anderen musste er den Aufenthalt im Gefängnis privat durch Punktabzug (aus seinem Lebenshaltungs-Topf) finanzieren und er musste noch im Knast einsitzen. Seine Strafpunkte konnte er nur, was für diese Zeit beachtlich war, durch soziales Engagement reduzieren. Junge Täter wurden nicht anders als Erwachsene behandelt, Jugendstrafgerichtsbarkeit gab es nicht. Der Unterschied zwischen dem Kriminellen und einem Terroristen wurde vernachlässigt. Es war den Gerichten und den Gesetzen gleich, ob jemand aus Habgier oder Fanatismus zum Rechtsbrecher wurde.

Die Gefängnisse wurden je nach Schwere des Vergehens in Abteilungen unterteilt, ebenso die Art der Behandlung. Ein Schwerverbrecher fühlte sich sicher nicht in einem Streichelzoo, während der Kleinkriminelle schon mal streicheln durfte. Aus heutiger Sicht wurde die erste Gruppe unmenschlich behandelt, man gab ihnen keine Chance zur Rehabilitation, weil man das nicht erwarten konnte. Die Administration der Justiz und alle Gesetze wurden radikal auf das Notwendigste reduziert. Das, was nicht im Gesetz geregelt wurde, entschied der Richter. So wurden für dieselbe Tat unterschiedliche Urteile gesprochen und dies sehr schnell, wohlwissentlich, dass saubere Recherchen nicht vorlagen. Ein großer Unterschied zu unserem heutigen Strafmaß ist die Tat und der Versuch der Tat. 2015 wurde in der Vergabe des Strafmaßes unterschieden beispielsweide zwischen dem Mordversuch und dem durchgeführten Mord. Diese Unterscheidung gab es in unserer Zeitbetrachtung nicht. Der Versuch einen Mord zu begehen, wurde genauso bestraft wie der ausgeführte Mord. Die Motivation war die gleiche, mit dem Unterschied, einmal ist es nicht gelungen, beim anderen Mal ist es gelungen.

Es gab auch eine Art von Vertragsgestaltung, aber nicht von Partei zu Partei, oder Mensch zu Mensch, oder juristischer Person zu anderen. Alle Verträge mussten und wurden bei einem dafür zuständigen Ministerium eingereicht und nach Prüfung von den Vertragsparteien im Beisein eines Kontrollbeamten unterschrieben. Die uns bekannte notarielle Beauftragung wurde ebenso von diesem Ministerium übernommen.

Eine Gerichtsverhandlung wurde anonym durchgeführt. Angeklagter, Verteidiger und Staatsanwaltschaft waren in einem Gerichtssaal ohne sichtbaren Richter untergebracht. Wegen zunehmender Repressalien gegen Richter hat man die Richter auf diese Art schützen müssen. Sie waren in einem für die Anklage nicht sichtbaren Nebenraum untergebracht und kommunizierten mittels Mikrofon und Lautsprecher mit den Beteiligten.

In einigen Regionen wurden Verurteilte mit einer Strafe belegt, die ihrer Tat glich. Ein Krimineller, der wegen Körperverletzung verurteilt wurde, musste das gleiche erleiden wie sein Opfer. Ein Mörder wurde zum Tode verurteilt und ein Dieb musste das Diebesgut zurückgeben und gleiches noch einmal aus seinem „Vermögen" abliefern.

Übertriebene Rechtsansprüche zum Schutze der Verbraucher wurden zum Teil abgelegt. Anbieter und Kunde trugen immer zu gleichen Teilen ein Ausfallrisiko.

Um 2015 gehörten die Gefängnisse in Madagaskar und auch Afrika zu den unmenschlichsten und unzivilisiertesten Vollzugsjustizanstalten. Die meisten westlichen Menschen nehmen dies einfach nur zur Kenntnis und vergessen es nach einigen Sekunden wieder, es berührt sie nicht weiter. Zeigt man ihnen aber die Bilder, die in den Medien so gut wie nicht zu sehen sind, bricht eine Erschütterung und Abwendung aus. Man will diese Grausamkeiten nicht sehen, man will nichts damit zu tun haben. Und genau dies ist das Problem des wohlstandsgewohnten und satten Westlers, er blendet aus, er will nur das Gute hören und sehen. So löst man keine Probleme und lässt Probleme über sich hereinbrechen, man will es ja nicht wahrhaben. Erst wenn es schmerzt, dann werden große und größte Aufschreie kundgetan.

Wird das Vergehen eines Unrechts über einen längeren Zeitraum nicht geahndet, so wird es nicht mehr als Unrecht angesehen. Das gleiche Vergehen innerhalb kürzester Zeit führt zu einer Verurteilung. Trägt ein Mensch dazu bei, dass ein anderer Mensch über viele Jahre seelisch oder gesundheitlich langsam zu Tode kommt, so passiert nichts oder selten etwas, es ist auch schwer zu beweisen. Ein schneller Mord wird hingehend sofort geahndet, ein langsamer nicht.

Wohnen und Immobilien

Wegen des großen Bedarfes an Energie, der kaum gedeckt werden konnte, hat sich die Art und Weise der Architektur von Immobilien grundlegend verändert. Öl und Erdgas stehen nur begrenzt zur Verfügung. Deswegen hat man sehr intensiv die Forschung für Isolationsverfahren und alternative Energiegewinnung vorangetrieben. Wind, Wellen, Temperaturunterschiede, Gärungsprozesse, Sonneneinstrahlung, chemische Prozesse und vieles mehr wurden je nach Anforderung zur Wärmegewinnung eingesetzt. Nicht jede einzelne Wärmequelle hatte eine Bedeutung, sondern die Summe aller. Man baute nicht mehr nur über der Erde mit Keller, sondern man baute unter der Erde, im Meer und im Orbit. Man musste von der traditionellen Baukunst abweichen, weil kaum noch Platz zur Verfügung stand. Es wurde mittlerweile so viel zugepflastert, dass die Flora nicht mehr ausreichend Sauerstoff produzieren konnte. Ein Problem, das zu Atembeschwerden führte. Abhilfe schafften portable Sauerstoffquellen, die bald zum Standard gehörten. In geschlossenen Räumen wurde für ausreichend Sauerstoff gesorgt. Mittlerweile haben sich auf dem Mond einzelne Kolonien gebildet mit eigener Versorgung an Lebensmittenl, Sauerstoff und kleinen Fertigungsbetrieben. Es hat einige Jahrzehnte gedauert bis auf dem Mond ein erträgliches Leben möglich war. Mittlerweile wurden Kinder auf dem Trabanten geboren, erstaunlicherweise nach dem herkömmlichen Prinzip, die Mutter hat das Kind ausgetragen. Neben dem Mond wurden Trabantenstädte im Orbit für die Erdumlaufbahn installiert. Diese konnten bis zu 1.000 Menschen versorgen. Es war zu erkennen, dass das soziale Gefüge und das Miteinander auf Mond und Trabanten besser funktionierten als auf der Erde.

Durch die Entdeckung (eines Elementes auf einem anderen Himmelskörper) eines gewichtslosen aber hochfesten Seiles wurden Trabanten mit der Erde verbunden. Bei genügender Entfernung von der Erde hatte die Erdanziehung keine große Wirkung mehr, sodass der Trabant das Seil ständig spannen konnte. Der Vorteil, den man darin gesehen hat ist, dass man damals sogenannte Laufmaschinen an diesen Seilen zum Trabanten fahren ließ. Es sparte enorme Kosten, man konnte auf das aufwendige Raketenprinzip verzichten. Neben diesen Lebensformen hat man auch das Bauen unter der Wasseroberfläche forciert. Hier standen Lebensmittel aus dem Meer zur Verfügung. Es bestand aber immer die Gefahr der Überfischung, denn es lebten viel mehr hungrige Mäuler auf dem Erdball als 2015. Ebenso hat man versucht, Neuland zu gewinnen, was sehr aufwendig war. Man konnte nur in relativ seichtem Wasser Sand aufschütten um künstliche Inseln zu erschaffen.

Anfänglich war die Abfallentsorgung ein fast nicht zu lösendes Problem. Man konnte sich in den Regionen darüber einigen, dass nur genormte und wiederverwertbare Gefäße eingesetzt werden. Mit dieser Maßnahme konnte man das Abfallproblem in den Griff bekommen. Städte, die auf der Erdoberfläche gebaut wurden hat man mit glasähnlichem Material gänzlich überdacht. Dies diente auch zur Energiegewinnung, beziehungsweise wirkte gegen die Energieverschwendung. Fast die komplette Sahara wurde mit wesentlich verbesserter Photovoltaik-Technik ausgestattet. Durch politische Verhandlungen ging ein Großteil des gewonnen Stromes ins alte Europa. Wohneigentum, so wie wir es kennen, gab es kaum noch. Man hat sich Wohnrechte erworben, die die Besitzer legitimierten, eine Wohnung oder ein Haus zu beziehen. Je nach Punkteguthaben konnte man sich einer „Wohnzelle" oder gar einem „Haus" leisten. Eigentümer war in der Regel der Staat, nach unserem Verständnis entsprach dies einer Miete.

Physik, Technik, Informatik, Wetter und Internet

Die Computer- und Informations-Technologie haben sich grundlegend verändert. Diese Techniken basierten zum großen Teil auf organischen Substanzen und hatten eine minimalistische Ausdehnung. Es ist gelungen, Rechnerkapazitäten auf Nanogröße zu reduzieren, die auch im menschlichen Organismus eingesetzt wurden. Mit dieser Technik konnten Korrekturen und Reparaturen im menschlichen Körper vorgenommen werden. Virologie und Bakteriologie standen damit völlig neue Heilungsinstrumente zur Verfügung. Die gesamte Speicher- und Leistungskapazität eines Notebooks im Jahre 2015 wurde 100 Jahre später in Nanogröße verpackt.

Die Weiterentwicklung von technischen Einrichtungen und Apparaten schien physikalische Regeln zu sprengen – mit den Augen von 2015. So wurden beispielsweise Materialien entwickelt, die leichter als Luft waren und auch der Anziehungskraft der Erde wiederstanden. Dies war die Grundlage neuer Antriebstechniken in der Luft- und Raumfahrt. Entwicklungen dieser Art waren nur möglich, weil durch die Raumfahrt auf anderen Planeten und Himmelskörpern bis dato Elemente gefunden wurden, die nicht bekannt waren. Darunter waren beispielsweise Metalle und Erden. Die Wissenschaften der Physik, Chemie und Astronomie wuchsen zusammen. Die Forschung und Entwicklung hatte für jeden Knochen des menschlichen Körpers künstlichen Ersatz parat, ebenso für alle Organe und Flüssigkeiten. Die implantierten lebenslang haltenden Chips wurden bereits erwähnt. Medizin und Informations-Technik sind zusammen gewachsen.

Sie haben einige Berufssparten überflüssig gemacht. Insgesamt wurden, um den Lebensstandard zu halten, nun weniger Menschen benötigt. Man hat dies über weniger Arbeitszeit geregelt. Die Computertechnik hat sehr viel an menschlichen Leistungen und auch Entscheidungen ersetzt. Dadurch musste der Mensch weniger lernen, was er auch tat. Die allgegenwärtigen Computer, auch wenn sie noch so klein waren, haben dem Menschen das Rechnen abgenommen. Das wirkte sich fatal im fehlenden Zugang in Forschung und Technik aus. Die Entwicklungskurve hatte sich dadurch abgeflacht, ist aber nicht nach unten abgeknickt, weil die Computer Teile der Entwicklung und Forschung übernommen haben. Es begann sich ein Teufelskreis zu bilden, ein Teufelskreis zwischen Mensch und Computer. Die Rechner verfügten in Summe über viel mehr Fähigkeiten als das menschliche Gehirn, konnten aber nicht komplett alles abdecken.

Internet oder andere Techniken von Datenflüssen gab es nicht mehr, es war alles mit allem verbunden. Kabelverbindungen wurden durch Induktion und hohe Frequenzübertragungen ersetzt. Strom kam nicht mehr aus der Steckdose, er war in jedem Raum durch eine besondere Form des Magnetismus anzapfbar. Jeder Haushalt hatte seine eigenen Energiequellen.

So wie Chips bei der Geburt eines Menschen implantiert wurden, so wurde in die Augen eine Art Folie eingesetzt, die übertragene Bilder oder Videosequenzen für das menschliche Auge sichtbar machten. Gesteuert wurde das Videoverhalten über die Sprache, und empfangen in einem Chip. So war die alte Fernsehtechnik überflüssig geworden.

Im Laufe unseres Betrachtungszeitraumes wurde immer mehr zugunsten der Sprachsteuerung auf Schalter oder mechanische Steuerungen verzichtet. Ein Haus wurde komplett über die menschliche Sprache gesteuert. Schlüssel gab es auch nicht mehr. Wärme wurde unter anderem über eine Algen-Lichttechnik gewonnen. Durch die aus heutiger Sicht enormen technischen Fortschritte (auch mit sozialen Rückschritten verbunden) konnte man auch bis zu einem gewissen Grad Einfluss auf die Wetterbildung nehmen.

Durch die großflächig entstandenen Verleumdungen und Falschmeldungen im damaligen Internet ist man dazu übergegangen, jeden Verfasser von veröffentlichten Informationen sofort zu identifizieren. Ab diesem Zeitpunkt hat sich die Wortwahl radikal verändert, Meldungen hatten erheblich mehr Wahrheitsgehalt.

Finanzen und Zahlungsmittel, Geldpolitik

Um es voraus zu sagen, vor 2018 an Griechenland gegebenen Kredite wurden nie zurückgezahlt und Griechenland hat sich auch aus Sicht der Produktivität und Leistungsfähigkeit nicht verändert. Dies war wohl ein Wunschdenken der EU-Ideologen.

In unserem Betrachtungszeitraum hat sich die Kreditvergabe zur Finanzierung von Anschaffungen deutlich verändert. Es gab kein Geld mehr in unserem Sinne. Das was früher Geld war wurde zu Werte-Punkten, die auf der ganzen Welt ihre Gültigkeit hatten. Das frühere private Eigentum wurde zugunsten des Staatseigentums größtenteils abgeschafft – unter größten Protesten und bürgerkriegsähnlichen Reaktionen. Kreditvergaben waren nicht mehr erforderlich. Anstelle dessen wurde jeder Person, entsprechend der Ausbildung, des Berufsstandes und der politischen Führung Punkte zugestanden, mit denen sie ähnlich einem Kredit verfahren konnten. Ähnlich wurde bei Ratenkäufen verfahren. Zinsen wurden gänzlich abgeschafft. In die Funktion von Banken, die vollkommen abgeschafft wurden, traten staatliche Einrichtungen, die den nationalen und internationalen Zahlungsverkehr (in Punkten) regelten. Im Wesentlichen haben alle Regionen sich diesen Einrichtungen angeschlossen.

Jeder natürlichen, ab Geburt, und jeder juristischen
Person, ab Gründung, wurden Konten zugeordnet, deren
Wertefluss besteuert wurden oder steuerfrei waren. Bei
einem Wertezufluss auf ein zu besteuerndes Konto wurde
automatisch ein Teil des Wertes auf staatliche Konten
umgebucht. Der Staat hat die Prozentsätze für den jeweiligen
Werteverkehr jährlich der aktuellen Haushaltslage angepasst.

Energie

Einige neue Energiequellen wurden bereits beschrieben.
Die am häufigsten genutzte Quelle wurde von Ingenieuren
entwickelt und zeigte großen Erfolg. Man bohrte sehr tiefe
Löcher in die Erdkruste bis zu dem Punkt, an dem die
Erdumgebung heiß wurde. Einfach formuliert hat man dann
Wasser in die Löcher laufen lassen welches sofort
verdampfte. Am Ende der Bohrung wurden hitzebeständige
Dampfgeneratoren deponiert, die dann Strom erzeugten.
Außer der Wartung von Bohrloch und Generator ist für die
Gewinnung des Stromes kein weiterer Aufwand entstanden.

Man hat sich der Atomenergie erinnert und Kleinst-
Atomkraftwerke entwickelt, die jedem Haushalt zur
Verfügung standen. Durch hochentwickelte
Sicherheitssysteme war die Gefahr einer Kernschmelze
ausgeschlossen. Da Uran auch nicht unendlich zur Verfügung
stand, sank der Einsatz der Kleinstatomkraftwerke.

Durch ein einfaches Verfahren, das in der
Weltraumforschung entwickelt wurde, konnte man Wasser in
Sauerstoff und Wasserstoff trennen. Die gewonnenen
Elemente dienten auch als Energiespender. Da dieses
Verfahren sehr großen Anklang gefunden hatte, wurde sehr
viel Wasser gespalten, das dann als Wasser nicht mehr zur

Verfügung stand. Das Ergebnis war eine drohende
Wasserverknappung, Nachschub gab es nicht.

Die große Wüstenlandschaft Sahara gab es noch, wenn
auch etwas lokal verschoben. Mit hocheffizienten
Photovoltaik-Techniken konnte man einen sehr großen Teil
der Wüste bestücken. Der Wartungsaufwand war relativ
gering. Streit ist über die Rechte der Nutzung entstanden,
weil die Sahara enorm viel Strom mit der geschilderten
Technik liefern konnte. 2132 ist aus diesem Grund ein Krieg
unter Anrainer-Regionen entstanden. So wie mit Solartechnik
hat man in anderen Regionen mit Photosynthese Strom
gewinnen können. Beides basierte auf der
Sonneneinstrahlung.

Weitere Energiequellen wurden genutzt und deren
Energiegewinnung verfeinert. Die Bewegung von Wasser in
Flüssen und in den Meeren hat Strom mit dem Einsatz von
speziellen Generatoren gespendet. Ähnlich wie beim Wind
mit Windkrafträdern. Wasserkraftwerke in den Bergen haben
an Bedeutung verloren.

Die Osmose in der Natur und die Regulierung des
Wasserhaushaltes, dienten als Grundlage einer
Verfahrenstechnik für weitere Energiegewinnung.

Die Vergärung von Abfällen und die dadurch erzielte
Gewinnung von Gasen, wie etwa Methan, sorgten nicht nur
für Kompostgewinnung, sondern auch für Brennstoffe. Fossile
Brennstoffe wie Kohle, Erdgas und Öl haben an Bedeutung
verloren, da die Reserven langsam erschöpft waren.

Die Forschung sah die Notwendigkeit sämtliche
Energieformen zu speichern. Dies galt besonders für Strom.
Die Batterien basierten auf organischen Materialien, sodass
sie über einen langen Zeitraum größere Mengen Strom

speichern konnten. Eine Technik die man 2017 gerne eingesetzt hätte. Diese neuen Stromspeicher waren extrem leicht, haben aber immer noch viel Platz in Anspruch genommen. Über kleine Entfernungen konnte man Strom kabellos übertragen, hier bediente man sich einer Art Induktionstechnik.

Mit der erweiterten Kraftwärmekopplung wurde die gleichzeitige Gewinnung von mechanischer Energie erreicht Diese wurden in der Regel unmittelbar in elektrischen Strom umgewandelt. Die nutzbare Wäreme konnte für Heizwerke oder für Produktionsprozesse in einem gemeinsamen thermodynamischen Prozess, wie in Heizkraftwerken üblich, verwendet werden.

Helium-3 ist neben Helium-4 eines der beiden stabilen Isotope, des Heliums. Sein Atomkern enthält zwei Protonen und ein Neutron. Hauptanwendungsgebiet von Helium-3 ist die Tieftemperaturforschung gewesen. In Mischungskryostaten wurden Temperaturen von nur wenigen tausendstel Kelvin über dem absoluten Nullpunkt erreicht. Helium-3 ist auf der Erde sehr selten, so dass es fast ausschließlich in Forschung und Technik eingesetzt wurde. Die zentralen Hochleistungscomputer wurden mit diesen Verfahren gekühlt. Man fand dieses Element auf anderen Himmelskörpern.

Insgesamt waren alle Staaten und Regionen daran interessiert, den Verbrauch von Energie zu reduzieren. Ein Energieverbrauch wie um 2015 war wegen der begrenzten Ressourcen nicht mehr vertretbar.

Der Erdmagnetismus wurde in Verbindung mit natürlicher Bewegung wie Wind oder Wellen zur Energiegewinnung eingesetzt. Nachwachsende Rohstoffe oder holzähnlicher und

getrockneter Abfall hat in kleinen Verbrennungsräumen
Energie spenden können.

Insgesamt wurde Energie in kleinen zum Teil auch mobilen
Quelleinheiten erzeugt. In Ballungsgebieten oder größeren
Produktionsstätten wurden Großheizsysteme mit
unterschiedlichsten Energiequellen installiert. Die Heizenergie
von aktiven Vulkanen konnte in der Umgebung mit
komplizierten technischen Aggregaten angezapft werden.
Magma gab seine Wärme an Wasserkreisläufe ab, die dann in
naheliegenden Ortschaften verteilt wurde.

Deuterium ist ein natürliches Isotop des Wasserstoffs, es
besteht aus einem Proton und einem Neutron. Eingesetzt
wurde es als Moderator in Kernreaktionen, als Brennstoff in
Kernfusionsreaktoren sowie, als Ersatz für Protium.

Insbesondere in der Raumfahrt wurde im Laufe der
Jahrzehnte immer mehr der Ionenantrieb forciert. Er ist eine
Antriebsmethode, die vorwiegend in der Raumfahrt, aber
immer mehr auch bei normalen Fluggeräten eingesetzt
wurde. Ein Ionentriebwerk nutzte den Rückstoß eines
erzeugten Ionenstrahls zur Fortbewegung. Ionentriebwerke
erzeugten zwar einen für einen Raketenstart direkt von der
Erde zu geringen Schub, verbrauchen aber weniger
Stützmasse als chemische Triebwerke. Deshalb wurden sie
ausschließlich bei Starts von Raumstationen eingesetzt.

Da der Erdball völlig übervölkert war, musste man sich von
Seiten der Politik und Forschung stark mit dem Thema der
Atemluftgewinnung beschäftigen. Wenn 2015 rund 100
Prozent Atemluft zur Verfügung stand, so war es am Ende
unserer Betrachtung nur noch 75 Prozent, ein Fiasko..

Gammastrahlungen, im engeren Sinne eine besonders
durchdringende elektromagnetische Strahlung, entsteht bei

spontaner Umwandlung der Atomkerne. Angewandt wurden
diese Strahlen in der Medizin, Sensorik und Materialprüfung,
Sterilisation, Keimverminderung, strahlenchemischen
Vernetzung und bei der Spektroskopie.

Die uns bekannten Gewitterblitze bergen eine enorme
Fülle an Energie, wenn auch nur für eine kurze Zeit. Hier hat
man erfolgreich Methoden entwickelt, Hitze und Strom der
Blitze abzuleiten und zu speichern oder sofort einzusetzen.

Grünalgen waren und sind photosynthetisch aktive Algen.
Dieser Vorgang diente im erweiterten Sinn der
Stromgewinnung. Der Energiestoffwechsel wurde als Teil des
Stoffwechsels von Lebewesen gesehen, der der Gewinnung
von Energie diente. Der Energiestoffwechsel besteht aus
chemischen Stoffumsetzungen, die Energie frei setzen. Das
Licht spielte hier mit eine entscheidende Rolle.

Wandel der Erde

In 2010 ff haben Forscher immer wieder auf die
Erderwärmung hingewiesen. Leider hat sich im Laufe unseres
Betrachtungszeitraumes dieses Phänomen, zwar langsam,
aber stetig verschlechtert. Was sich aber nicht in der
damaligen Deutlichkeit bestätigt hat, war die Schuldfrage. Der
Mensch, so wurde festgestellt, hatte mit all seinen Aktivitäten
30 Prozent selbst zur Erderwärmung beigetragen. Der
Meeresspiegel ist gestiegen, aber in einem Maß, dass zum
Beispiel Hamburg keinerlei Schaden davontrug.

Auf dem Erdball hat der Mensch alles was greifbar war an
Bodenschätzen gefördert und verbraucht. Marmor gab es
nicht mehr, ebenso Granit und ein Teil der Metalle. Öl, Kohle
und Gas hatte schon längst einen Minimumpegel erreicht. Auf
den Polen schmolz das Eis, was in dieser Menge die

Wassertemperatur beeinflusste, und dies hatte wiederum in Teilen negativen Einfluss auf Flora und Fauna in den Meeren. Das Trinkwasser war, wie schon berichtet, mit nicht mehr normalen Methoden filterbar, also wurde es nicht getrunken. Reststoffe, wenn man sogar will, chemische Abfälle haben das Grundwasser nachhaltig verseucht. Man ist zwar nicht durch das Trinken gestorben, es sind aber schleichende Krankheiten entstanden, die oft erst nach Jahren festgestellt wurden. Wälder, Weiden und Äcker mussten teilweise weichen, um dem Bevölkerungszustrom Wohnraum zu bieten. Viehzucht war notwendig und erfolgte nicht mehr auf Weiden, sondern in eigens dafür entwickelten Hochhäuser.

Die Vulkantätigkeit hat sich in unserem Zeitraum verändert. An fast allen tektonischen Platten kam es zu mehr oder weniger starken Verschiebungen, die darunterliegendes Magma freigesetzt haben. Die über die Jahrzehnte zunehmende Verunreinigung der Meere hatte deutlich negativen Einfluss auf die Meerestiere. Niemand zeichnete sich dafür verantwortlich. Erst als die Meere Regionen und Staaten zugeordnet wurden, entstanden reinigende Verantwortlichkeiten.

Die für uns so wichtige Atmosphäre hat an Sauerstoff verloren. Gründe dafür waren die gewachsene Zahl an Menschen und der geringere Teil an Flora.

Ausbildung, Schulen und Universitäten

Das gesamte Wissen der Menschheit wurde auf zentralen Rechensystemen gespeichert und ständig aktualisiert. Bücher gab es nicht mehr. Der Mensch konnte mit seiner Sprache eine Frage stellen, an seinem Kehlkopf-Chip wurden die Worte umgesetzt in eine Datenstruktur, die Frage wurde weitergeleitet an den zentralen Wissensrechner, dieser stellte

die Antwort bereit und schickte diese an die Ohrchips
(Audiochips) oder/und an die Augenfolie (Videofolie in dem
Augapfel).

Zwar haben sich Sprachen wie Französisch, Deutsch oder
Italienisch noch gehalten, es hat sich aber durch den
vorwiegend arabischen Zufluss an Menschen eine Art
Primitivsprache entwickelt, die jeder Bürger verstehen
musste. Durch den weitest gehenden Zerfall der
alteingesessenen Traditionssprachen mit ihrer Vielfallt und
der guten Verständlichkeit, verzeichneten Präzision und
Genauigkeit in den Sprachen einen Rückgang. Dies wiederum
hatte negative Auswirkungen auf Bildung, sowie Forschung
und Entwicklung.

Die kleineren Kinder wurden in staatlichen „Kindergärten"
aufgezogen. Sie wurden verpflegt und wohnten auch in
diesen Räumlichkeiten. In den meisten Fällen gab es keinen
Bezug mehr zu den Eltern, weil die Kinder synthetisch gezeugt
wurden. Die Politik hatte den totalen Einfluss auf die
Erziehung.

Um den Heranwachsenden ein einigermaßen erträgliches
Sozialempfinden zu vermitteln, wurden die Kinder in eine Art
„Grundschule" untergebracht. Auch hier lebten die Kinder in
diesen Schulen und nicht bei den Eltern, von denen viele nicht
bekannt waren. Um hier sich anbahnende soziale Konflikte zu
vermeiden, wurde die Schulklasse in Gruppen je Altersklasse
unterteilt.

Wegen immer wieder aufflammenden Streitereien und
Konflikte unter den unterschiedlichen Bevölkerungsgruppen
gab es bei weiterführenden Schulen und Universitäten keine
Räumlichkeiten mehr. Der Unterrichtsbetrieb wurde komplett
Online durchgeführt. Prüfungen wurden aber persönlich vor

Gremien vollzogen. Die gesamte Qualität der Wissensvermittlung stellte im Vergleich zu 2015 nur 60 Prozent dar. Der Grund lag an der Verwässerung der ursprünglichen Bevölkerung, Zugreiste hatten nur wenig oder gar keine Grundbildung, viele waren Analphabeten. Durch die Hungersnöte konnte Afrika auch keinerlei Bildungsstand aufrechterhalten und Afrika kam ins alte Europa. Diese Situation hatte auch Einfluss auf den Unterricht. Naturwissenschaftliches Wissen wurde erheblich mehr gefördert als etwa Geisteswissenschaften, soweit diese möglich waren.

So wie sich die Sprache zum Nachteil verändert hat, so mutierte auch die Schrift verändert. Etwa 50 Prozent der Bevölkerung konnten etwas lesen und etwas schreiben. Dies hing zum einen mit den eingepflanzen Chips zusammen, es lief alles über Sprache Zum anderen lag es an der Zuwanderung. Die Notwendigkeit des Lesens und des Schreibens war nicht mehr gegeben. Die Sprache konnte durchaus für einen anderen Menschen unverständlich sein, durch den jeweiligen Chip wurde sie auf einen Standard transferiert und somit digital verständlich gemacht.

In allen Ausbildungseinrichtungen, abhängig von den jeweiligen Regionen, wurden allen „Schülern" oder „Studenten" Leistungspunkte zugeordnet. Diese Punkte wurden bei beruflichen Qualifikationen oder Einstellungen zugrunde gelegt. Persönliche Einstellungsgespräche gab es nicht mehr.

Die gesamte Ausbildung hat sich auf diese Art und Weise entwickelt, weil die Ausbilder sich mit einer extrem hohen Respektlosigkeit konfrontiert sahen. Lehrer wurden drangsaliert und geschlagen um ein besseres Punktekonto zu erwirken. Deswegen hat sich das gesamte Ausbildungswesen immer mehr anonymisiert und verschlechtert.

Lebensmittel

Die Produktion von Lebensmitteln, Getränken, die Viehzucht und der Anbau von Getreide, Gemüse und Obst haben sich im Vergleich zu 2015 grundlegend verändert. Alle Lebensmittel wurden gentechnisch verändert, so dass sich das Produkt resistent gegen schnelle Verrottung zeigte. Wegen der immer weniger werdenden Anbaufläche und Weiden, hat man spezielle Hochhäuser gebaut um dort Lebensmittel anzubauen und Vieh zu züchten. Das Vieh war mit Medikamenten vollgestopft, damit Krankheiten verhindert werden. Dies wiederum hatte Auswirkungen auf den menschlichen Körper, so dass die Ausscheidungen weiterverarbeitet werden mussten.

Das weltweite unterschiedliche Ausmaß der Nahrungsknappheit führte dazu, dass Insekten zu Nahrungsmitteln verarbeitetet wurden. Es haben sich bei den Menschen Krankheiten gebildet, durch Manipulationen und Eingriffe in die Natur, die vorher nicht bekannt waren. Zunächst hatte man keine Gegenmittel um dieses gesundheitliche Problem zu lösen. Der sanfte Versuch – zurück zur Natur – brachte in einigen Fällen Verbesserungen. Fast alle Lebensmittel wurden durch Düngung und Zucht so verändert, dass auch der Nährgehalt und die Vitamine darunter litten. Als man die Lebensmittelversorgung für den Weltraumaufenthalt gut verträglich standardisiert hatte, widmete man sich auch auf der Erde dieser zum Teil aufwendigen Lebensmittelproduktion. Es gab beispielsweise keine Äpfel, keine Birnen und keine Bananen mehr zu erwerben. Sämtliche Lebensmittel waren konzentriert und keimfrei verpackt, die Frucht war nicht mehr zu erkennen, die geschmackliche Zuordnung musste erraten werden.

Durch die Lebensmittelknappheit auf dem Erdball stand an erster Stelle der Kriminalität der Lebensmitteldiebstahl, gepaart mit zum Teil brutalen Aktionen. Den Genuss, in ein Restaurant gehen zu können, um dort ein Fünf-Gänge-Menü einzunehmen gab es nicht mehr. Eine Art Fast-Food hat sich gezwungenermaßen durchgesetzt.

Durch all diese Probleme und Unzufriedenheit, Nahrungsmangel sowie körperliche Übergriffen ist der Konsum an Alkohol und Drogen gestiegen. Auch dies trug zur schlechten Produktivität innerhalb der Regionen bei.

Mode, Kleidung, Essen

Mode, so wie wir sie kennen, gab es nicht mehr. Es wurden Funktions- und Einheitskleidungen produziert. In abgeschotteten und elitären (wenn man es so nennen kann) Kreisen wurde eine individuell gefertigte Kleidung, ähnlich der uns bekannten Mode, getragen. Für die Masse war dies nicht erkennbar und wurde auch nicht publiziert.

Einen großen Vorteil hatte die Funktionskleidung. Sie war wegen neuer Materialien absolut wetterfest, atmungsaktiv und kälteisolierend. Schweiß wurde sofort abtransportiert und verbleibende Substanzen wie Geruchstoffe haben die Stoffe neutralisiert.

Essen und Restaurants unterlagen keiner Mode, denn sie waren standardisiert. Auch hier haben sich die elitären Kreise einer anderen Essenskultur bedient.

Für die Kunst als schaffende Institution gab es keinen Freiraum und keine Zeit mehr. Man war zu sehr mit dem Überleben beschäftigt, so dass (die Muse) für die kreative Schaffenskraft völlig ausgeblendet wurde.

Wollte man etwas erwerben, so wurde dies im Netz bestellt. Kaufhäuser oder Einkaufszentren gab es nicht mehr. Ebenso wurden keine Haustiere mehr gehalten, der Mensch hatte dafür keinen Sinn mehr.

Verkehr und Transport

Der gesamte Transport von Menschen, Tieren, Lebensmitteln und Produkten wurde auf Induktionsstraßen verlegt. Je nach Größe des zu transportierenden Materials oder Menschen wurden dafür Kabinen eingesetzt. Diese Kabinen bewegten sich über der Erde, ähnlich wie Fahrzeuge auf unseren Autobahnen, oder in Transportröhren. So stand jedem Menschen die Nutzung einer Kabine kostenlos zur Verfügung. Je nachdem wie viele Personen von A nach B reisen wollten, wurde eine passende Kabinengröße zur Verfügung gestellt. Der Fahrgast bestellte mit seiner Sprachtechnik eine Kabine einer bestimmten Größe und Zeit. Danach stand dieses Gefährt den Reisenden zur Verfügung. Nun wurde per Sprache der Kabinentechnik das Ziel und die Geschwindigkeit mitgeteilt. Wer schnell reisen wollte, musste „zahlen", also Punkte abgeben. So hat sich unser Automobil zu einem computergesteuerten und automatisch funktionierenden Vehikel entwickelt, ohne das geringste Zutun, Fahrer waren überflüssig.

Die Raumfahrt hat sich wirtschaftlich, also aus Sicht des Aufwandes, sehr zum Vorteil entwickelt. Die Möglichkeit, über eine Art Aufzug eine Raumstation zu erreichen wurde beschrieben. Wollte man dann zu entfernten

Himmelskörpern, was damals schon gang und gebe war, musste man in der Raumstation in ein Raumfahrzeug mit unterschiedlichen Antrieben umsteigen. Am Ende unseres Betrachtungszeitraumes wurde ein Verfahren entwickelt, den menschlichen Körper in einzelne, ähnlich der Atome zu zerlegen, zu ordnen und in temporäre Energie umzuwandeln. Dies ermöglichte den Transport in einem Tempo, das der Lichtgeschwindigkeit nahe kam. Am Ziel angekommen wurde die Zerlegung wieder rückgängig gemacht. Der Mensch hat ohne Schaden in extremer Geschwindigkeit sein Ziel auf einem Himmelskörper erreicht. Die Forschung dafür hat allerdings, viele Leben gekostet.

Alle Fahrzeuge auf dem Land, in der Luft oder im Weltraum wurden ausschließlich durch Computer gesteuert. Piloten oder Fahrer waren somit überflüssig. Für bestimmte Transporte auf der Erde wurde eine Art Luftschiffe eingesetzt. Das war zwar sehr langsam, konnte aber alle Teile der Erde erreichen, eine Bahn für Start und Landung war nicht erforderlich. Hierfür bediente man sich einer Solartechnik ähnlicher Antriebsform.

Der Tourismus hat wegen der gesamten Unzufriedenheit der Bevölkerung stark abgenommen. Als bleibender Standardausflug hat der Mond immer mehr an Bedeutung gewonnen.

Um Produkte zu transportieren wurden standardisierte Verpackungen eingesetzt. Dies hatte zur Folge, dass geordnet viel mehr pro Transport übernommen werden konnte. Alle Verpackungen konnten auf ein Minimum an Ausmaß zusammengefaltet werden, Reinigung und Hygiene wurden über eine Art Ultraschall gelöst.

Die unterschiedlichen Regionen haben eine Art Maut oder Miete erhoben, wenn Menschen aus anderen Bereichen einreisen wollten. Dafür stand ihnen die Kabinentechnik zur Verfügung, die auch grenzüberschreitend eingesetzt wurde.

Altersversorgung, Sozialsystem, Vermögen

Der Krankenstand war im Durchschnitt über alle Regionen gesehen sehr hoch. Viele Menschen konnten dem sozialen und politischen Druck nicht mehr standhalten. Dazu kamen die Altersstruktur, junge Menschen aus arabischen Ländern und Afrika sowie Senioren aus dem alten Europa. Es war nicht ungewöhnlich, dass Menschen ein Alter von 130 Jahren erreichten. Das Problem war, dass der Mensch ab 90 Jahren nicht mehr als produktiv angesehen wurde. Diese Entwicklung wurde von der allgemeinen Politik nicht genügend ernst genommen, so dass über einige Jahrzehnte extreme Altersarmut die Bevölkerung belastet hat. Revolten waren das Ergebnis. Es war nicht ungewöhnlich dass ältere Menschen schlichtweg verhungert sind.

Konnte man ein Regulativ schaffen? Wie schon erwähnt hat sich jeder Mensch ein Rentenpunkte-Kontingent angesammelt. Je nach Leistungsfähigkeit hat man den Menschen mit zunehmendem Alter leichtere und verträglichere Arbeiten übergeben. Erst wenn gesundheitlich keine Produktivität mehr möglich war, konnte man in „Rente" gehen. Welchen Lebensstil dieser ältere Mensch sich dann leisten konnte, das hing von seinen Rentenpunkten ab. In vielen Regionen hat man versucht extreme Verarmung im Alter zu vermeiden und den Menschen zu unterstützen.

Versicherungen kannte man nicht, es wurde alles über Werte-Punkte geregelt. Im Ruhestand eventuell über Eigentum und Vermögen zu verfügen, das war nicht möglich.

Zum Teil zeigten sich sehr schwere Schicksale, denn Familie in unserem Sinne gab es nicht mehr. So waren beispielsweise bettlägerige Menschen oft der Willkür des Betreuungspersonals ausgesetzt. Suizid war somit fast an der Tagesordnung.

Universum

Das Sonnensystem hat sich in unserem Betrachtungszeitraum nicht verändert. Planeten, Sterne und Galaxien haben sich, wenn überhaupt, sehr wenig neu positioniert. Der bereits beschriebene Einschlag eines Kometen in Kanada hat verheerende Auswirkungen über mehrere Jahrzehnte gezeigt. Ein Asteroid in der Größe von geschätzt 20 Metern Durchmesser hätte einen Wirkungsradius von vielleicht 150 Kilometern. Ein Asteroid mit einem Durchmesser von 800 Kilometer würde wahrscheinlich die Menschheit auslöschen. Diese möglichen Gefahren in 2017 wurden von der Bevölkerung genauso wenig ernst genommen, wie in unserem Betrachtungszeitraum.

Ein großer Teil der Planeten unseres Sonnensystems wurden durch die Raumfahrt erkundet und, soweit technisch möglich, auch zu mindest zeitweise bewohnt. Man musste dafür Systeme gegen Kälte und Hitze entwickeln, ebenso große Räume mit erdähnlichen Bedingungen für die Bebauung von Lebensmitteln.

Große Probleme machte der vom Mensch hinterlassene Weltraumschrott. So war es oft nicht möglich diesen Teilen im All auszuweichen, ein totaler Crash war oft die Folge. Die Bemühungen eine zweite Erde mit uns bekannten und gewohnten Lebensbedingungen zu finden brachte, wenn auch nur kleine, Fortschritte. Hier kam auch der Begriff

Terraforming ins Spiel. Dabei handelt es sich um eine Art Erdumbildung, die Umformung von anderen Planeten in bewohnbare erdähnliche Himmelskörper mittels künftiger Techniken. Planeten oder Monde sollten so umgestaltet werden, dass darauf menschliches Leben mit geringem oder ohne zusätzlichen technischen Aufwand möglich wird.

Gründe für den Untergang bis 2149

Europa, insbesondere Deutschland hatte einen vollen Bauch und war nicht zum Kämpfen bereit. Das Gutmenschentum blendete Probleme aus, es nahm überhand, niemand wollte auf sein Wohlempfinden und Wohlstand verzichten, die wahre Realität und die Zukunft wurden ignoriert. Massenbeeinflussung trug auch dazu bei.

Den Islam mit seinen ideologischen und fanatischen Ausprägungen war der Westen nicht gewöhnt und ihm nicht gewachsen; er wurde überrannt, teilweise brutal.

Der Kometeneinschlag in Kanada hat die Menschheit reduziert und in Chaos versetzt.

Die extreme Zuwanderung aus den arabischen Ländern und besonders Afrika, war für Europa nicht mehr zu stoppen, auch nicht militärisch. Afrika war völlig überbevölkert und hatte Hunger.

Der Geburtenrückgang der Europäer zeigte sich in einer immer mehr veraltenden Bevölkerung.

Ein weiterer Punkt, nicht ganz so gravierend war das Einmischen in andere Staaten und eine oft damit verbundene übertriebene Hilfestellung. Man setzte sich dadurch sehr oft zwischen zwei Stühle.